신문이 보이고 뉴스가 들리는 재미있는 인공 지능 이야기

초판 1쇄 발행 2018년 6월 20일
초판 9쇄 발행 2024년 3월 18일

지은이 송준섭
그린이 우지현
감 수 한보형

펴 낸 곳 (주)가나문화콘텐츠
펴 낸 이 김남전
편 집 장 유다형
편 집 김아영
외주편집 이정화
디 자 인 양란희
외주디자인 손성희
마 케 팅 정상원 한웅 정용민 김건우
경영관리 임종열 김다운

출판 등록 2002년 2월 15일 제10-2308호
주 소 경기도 고양시 덕양구 호원길 3-2
전 화 02-717-5494(편집부) 02-332-7755(관리부)
팩 스 02-324-9944
홈페이지 ganapub.com

ISBN 978-89-5736-961-6 (74500)
ISBN 978-89-5736-960-9 (세트)

* 책값은 뒤표지에 표시되어 있습니다.
* 이 책의 내용을 재사용하려면 반드시 저작권자와 (주)가나문화콘텐츠 양측의 동의를 얻어야 합니다.
* 잘못된 책은 구입하신 서점에서 바꾸어 드립니다.
* '가나출판사'는 (주)가나문화콘텐츠의 출판 브랜드입니다.

이 도서의 국립중앙도서관 출판시도서목록(CIP)은 서지정보유통지원시스템 홈페이지(http://seoji.nl.go.kr)와
국가자료공동목록시스템(http://www.nl.go.kr/kolisnet)에서 이용하실 수 있습니다.(CIP제어번호: CIP2018014521)

- 제조자명: (주)가나문화콘텐츠
- 주소 및 전화번호: 경기도 고양시 덕양구 호원길 3-2 / 02-717-5494
- 제조연월: 2024년 3월 18일
- 제조국명: 대한민국
- 사용연령: 4세 이상 어린이 제품

가나출판사는 당신의 소중한 투고 원고를 기다립니다. 책 출간에 대한 기획이나 원고가 있으신 분은 이메일 ganapub@naver.com으로 보내주세요.

신문이 보이고 뉴스가 들리는 재미있는

인공 지능 이야기

글 송준섭　그림 우지현
감수 한보형 (서울대학교 전기정보공학부 교수)

작가의 말

인공 지능 시대를 살아갈 미래의 주인공들에게

지난 몇백 년 동안 인간의 문명은 눈부신 발전을 했어요. 산업 혁명 이전의 수백만 년의 변화를 모두 합쳐도 산업 혁명 이후 200년 동안 일어난 변화를 따라잡지 못할 정도로 인간의 삶은 크게 바뀌었지요. 그럼에도 불구하고 인간이라는 종 자체의 지능은 크게 바뀌지 않았답니다. 조선 시대 사람과 현대의 우리는 대부분의 유전자를 공유하며, 생각하는 방식과 능력에도 큰 차이가 없지요.

하지만 인공 지능은 달라요. 제자리걸음인 인간의 지능과 달리, 인공 지능은 지금 여러분이 이 책을 읽는 순간에도 발전하고 있어요. 인공 지능이 처음 등장한 것은 불과 60년 전이지만 지금의 인공 지능은 그때의 인공 지능과 비교할 수 없을 정도로 발전했어요. 특히 인공 지능이 발전하는 데 가장 중요한 핵심인 컴퓨터의 연산 능력은 엄청나게 빠른 속도로 발전하고 있답니다. 하지만 인공 지능의 한계를 두고는 아직까지 과학자들의 의견이 엇갈리고 있어요.

이렇게 빠르게 바뀌는 세상에서 우리는 무엇을 해야 될까요? 똑똑한 과학자들이 인공 지능을 만들어 주기를, 또 정치인들이 인공 지능과 함께 살

 아갈 방법을 정해 주기를 기다려야 될까요? 그렇지 않아요. 다가오는 세상을 결정하는 것은 이 책을 읽는 어린이 여러분 자신이랍니다. 여러분이 직접 앞으로 자신의 삶에서 인공 지능을 어떻게 활용할지 결정해야 해요.

 이 책이 앞으로 인공 지능과 함께할 미래를 여러분 스스로 그려 보고, 또 준비해 나가는 데 조금이라도 도움이 됐으면 합니다.

 한 가지 부탁이 더 있다면 과학을 더 많이 즐겼으면 좋겠어요. 모든 사람이 과학을 연구할 필요는 없지만 많은 사람이 과학을 좋아하는 세상이 됐으면 합니다. 과학을 취미로 즐기는 사람이 많아지고, 과학을 재미있게 공부할 수 있는 세상이 온다면 인공 지능 시대를 두려워하지 않아도 될 테니까요.

과학을 취미로 하고 있는 과학 덕후
송준섭 드림

인공 지능과 함께하는 하루

차례

- 인공 지능과 함께하는 하루

1장
인공 지능이 뭐예요?

- 인공 지능과 로봇은 무엇이 다를까? 14
- 인공 지능의 아버지, 앨런 튜링 16
- 다트머스 회의, 인공 지능 연구를 시작하다 18
- 인공 지능 연구자들 고민에 빠지다 20
- 인공 지능 딥블루, 체스 챔피언을 이기다 24
- 인공 지능 왓슨, 퀴즈 대회에서 우승하다 28
- 인공 지능 알파고, 바둑을 정복하다 32
- 한눈에 살펴보는 컴퓨터의 역사 36

안녕! 난 인공 지능이야.

2장
인공 지능이 궁금해요!

인공 지능은 스스로 생각할 수 있을까? 40
인공 지능은 어떻게 학습할까? 42
알파고는 어떻게 바둑을 배웠을까? 46
인공 지능과 인간은 어떻게 소통할까? 48
인공 지능은 왜 인간과 대결을 벌일까? 50
인공 지능 연구에 GPU를 쓰는 까닭은? 52
인공 지능도 직관이 있을까? 54
인공 지능과 우정을 나눌 수 있을까? 56
인공 지능도 감정을 가질 수 있을까? 58
인공 지능이 인간보다 뛰어날까? 62
구글과 페이스북이 인공 지능 연구에서 앞서는 까닭은? 66
한눈에 살펴보는 세상을 바꾼 산업 혁명 68

3장
인공 지능은 어디에 있나요?
스스로 달리는 자동차 시대가 곧 온다고? 72
사람과 감정을 나누는 인공 지능, 나딘 76
대학 교수를 돕는 인공 지능 조교, 질 왓슨 80
사지 마비 환자를 움직이게 하는 뉴럴 바이패스 82
재산을 관리해 주는 로보 어드바이저 86
인공 지능이 기사를 쓴다고? 88
인공 지능이 예술 작품을 그린다고? 92
인공 지능이 가짜 뉴스를 골라낸다고? 96
한눈에 살펴보는 세계의 휴머노이드 98

4장
인공 지능 시대를 맞이하는 우리의 고민
인공 지능 로봇에게 도덕을 가르칠 수 있을까? 102
인공 지능 로봇이 지켜야 할 원칙은? 104
인공 지능이 죄를 지으면 어떤 벌을 받을까? 108
죽은 사람이 인공 지능으로 다시 태어난다면? 110
자율 주행차가 도로를 달리면 어떤 문제가 생길까? 112
인공 지능이 강해지면 인간을 공격할까? 116
한눈에 살펴보는 우리 생활 속의 인공 지능 118

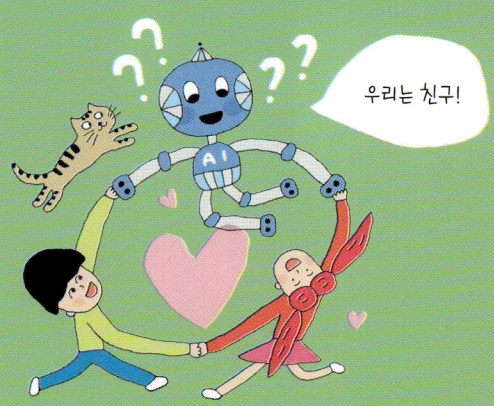

5장
인공 지능 시대의 직업

인공 지능이 인간의 일자리를 빼앗을까? 122
인공 지능이 대신할 수 없는 직업은? 126
사람과 함께 일을 하는 인공 지능은 어떤 모습일까? 128
인공 지능 전문가가 되려면 무엇을 공부해야 할까? 132
인공 지능 시대에는 무엇을 준비해야 할까? 134
한눈에 살펴보는 4차 산업 혁명 시대를 이끌어 갈 첨단 기술 136

부록. 인공 지능과 첨단 과학 용어 138

인공 지능과 로봇은 무엇이 다를까?

    2016년 대한민국을 들썩였던 큰 경기가 있었어요. 바로 세계 최고의 바둑 기사 이세돌 9단과 인공 지능인 알파고의 대결이었지요. 알파고는 인간의 도움 없이 스스로 바둑을 둘 수 있는 컴퓨터 프로그램이에요. 알파고처럼 스스로 의사 결정을 내리는, 생각할 수 있는 컴퓨터 프로그램을 '인공 지능'이라고 부른답니다.

    인공 지능은 이미 우리 생활 가까이 들어와 있어요. 사람의 질문에 척척 대답하는 스마트폰의 '시리' 같은 음성 인식 서비스나 내가 본 동영상을 바탕으로 좋아할 만한 영상을 골라 주는 유튜브의 영상 추천 시스템 등도 인공 지능이에요. 요즘은 인공 지능 스피커로 하루를 시작하는 사람들도 많지요.

    '인공 지능'이라고 하면 사람들은 흔히 '로봇'을 떠올려요. 하지만 로봇과 인

공 지능은 달라요. 로봇은 어떤 작업이나 조작을 자동으로 하도록 만든 기계 장치예요. 움직이기도 하고, 우리가 만질 수도 있지요. 이에 비해 인공 지능은 눈에 보이는 물체가 아니에요. 사람이 만들어 낸 '생각할 수 있는 기능'을 말하는 것이랍니다. 우리 몸에 비유하면 로봇은 팔과 다리고, 인공 지능은 팔과 다리에 명령을 내리는 뇌인 셈이에요.

인공 지능은 '강한 인공 지능'과 '약한 인공 지능'으로 나눌 수 있어요. 약한 인공 지능은 뛰어난 연산 능력으로 사람의 업무에 도움을 주는 인공 지능이에요. 특정한 분야에서 정해진 규칙에 따라 학습을 하는 기능이 있지요. 사람 얼굴을 구별하거나, 바둑을 두거나, 복잡한 도로에서 길을 찾는 것 등이 여기에 해당돼요. 약한 인공 지능은 인간이 명령을 내린 것 안에서만 행동을 하기 때문에 다른 일은 할 수 없답니다. 바둑만 잘 두는 알파고도 여기에 해당되지요.

강한 인공 지능은 사람처럼 자아를 가지고 있어요. 사람이 시키지 않은 일도 필요하다면 척척 해내지요. 사람보다 지능 수준이 높고, 종합적인 판단도 할 수 있어요. 감정을 갖고 있기 때문에 사람과 친구처럼 소통할 수도 있지요. 공상 과학 소설이나 영화에 등장하는 인공 지능 로봇들이 주로 강한 인공 지능이랍니다. 아직까지 강한 인공 지능은 현실에서는 개발되지 않았어요.

인공 지능의 아버지, 앨런 튜링

인공 지능을 처음으로 생각해 낸 사람은 누구일까요? 바로 영국의 수학자인 앨런 튜링이에요. 그래서 사람들은 앨런 튜링을 '인공 지능의 아버지'라고 불러요. 앨런 튜링은 1936년에 발표한 논문에서 '튜링 머신'이라는 상상의 연산 기계를 소개했어요. 튜링은 이 기계에 명령을 입력하면 프로그램에 의해 자동으로 연산을 할 수 있을 것이라고 설명했지요. 튜링은 논문을 발표한 후에 실제로 사용할 수 있는 튜링 머신을 만들기 시작했는데, 이때 독일이 제2차 세계 대전을 일으켰어요.

전쟁 중에는 암호로 연락을 주고받아요. 암호로 만들어야 정보가 새어 나가지 않거든요. 독일군은 '에니그마'라는 암호 제조기로 암호를 만들었어요. 타자기처럼 생긴 에니그마는 평범한 문장을 해석할 수 없는 문장으로 만들었는데, 이 암호는 인간이 결코 풀 수 없다고 할 정도로 복잡했어요.

영국군은 독일군이 쓰는 암호를 해독하기 위하여 언어와 수학에 뛰어난 사람들을 불러 모았어요. 앨런 튜링도 이 팀에 참여했지요. 앨런 튜링은 동료들과 튜링 머신을 바탕으로 암호 해독기를 만들어 에니그마의 암호를 해독할 수 있었어요. 이때 만든 '콜로서스'라는 기계가 지금의 컴퓨터와 비슷한 점이 많아요.

전쟁이 끝난 뒤, 고향으로 돌아온 튜링은 컴퓨터 연구에 몰두했어요. 그리고 1950년에 발표한 논문에서 '스스로 생각하는 것처럼 보이는 컴퓨터'를 만드는 것이 가능하다고 주장했어요. 이것이 바로 '인공 지능'에 대한 최초의 주장이에요. 앨런 튜링은 2년 뒤에 튜링 테스트를 제안했어요.

 튜링 테스트는 컴퓨터가 지능이 있는지 알아보는 실험이에요. 테스트는 매우 간단해요. 테스트에 참가한 사람이 낯선 상대와 차례로 대화를 나누어요. 대화 상대 중 한쪽은 컴퓨터, 또 다른 한쪽은 사람이에요. 참가자가 자신과 대화한 상대가 컴퓨터인지 사람인지를 구분하지 못하면, 그 컴퓨터는 인공 지능으로 인정받아요. 튜링이 살았던 시대에는 고성능 컴퓨터가 없었어요. 그래서 튜링 테스트를 통과한 컴퓨터는 없었답니다.

 2014년 6월에 '유진 구스트만'이라는 컴퓨터가 최초로 튜링 테스트를 통과했어요. 유진은 열세 살짜리 우크라이나 소년으로 설정되어 있었어요. 그래서 유진이 영어에 서툴고, 질문에 정확하게 대답하지 못해도 참가자가 유진을 사람으로 착각한 것이 아니냐는 비판을 받았어요. 그래서 오늘날에는 튜링 테스트로 인공 지능을 정의하기는 어렵다고 보고 있지요.

다트머스 회의, 인공 지능 연구를 시작하다

우리는 여러분께 내년 여름에 미국의 다트머스 대학교에서 두 달 동안 함께 인간처럼 스스로 생각하는 능력을 가진 기계에 대해 연구할 것을 제안합니다. 지금은 오직 인간만이 할 수 있다고 여겨지는 '생각'이라는 것을 기계에 가르칠 방법을 연구할 것입니다.

1955년 8월 31일, 세계의 유명 과학자 수십여 명은 생각하는 능력을 가진 기계를 연구하자는 편지를 받았어요. 이 편지는 세계적인 학자들인 존 매카시, 마빈 민스키, 너대니얼 로체스터, 클로드 섀넌이 보낸 것이었지요.

'기계가 공부를 한다?'

생소한 아이디어에 흥미를 느낀 많은 학자들이 다음 해 여름에 다트머스 대학교에 모였어요. 이 회의를 학자들이 모인 학교의 이름을 따서 '다트머스 회의'라고 불러요. 다트머스 회의에 모인 학자들은 '지능을 가진 기계'의 이름을 고민하다가 존 매카시가 제안한 '인공 지능'이라는 이름을 쓰기로 했어요. 인공 지능을 영어로 '아티피셜 인텔리전스(Artificial Intelligence)'라고 해요. 줄여서 에이아이(AI)라고 하지요. 다트머스 대학교에 모인 과학자들은 '인공 지능이란 무엇인가?', '어떤

일을 하는 인공 지능을 만들 것인가?' 등에 대해서 토론했어요. 회의가 끝나고 과학자 허버트 사이먼은 "앞으로 20년 안에 기계는 사람이 할 수 있는 일은 무엇이든 할 수 있게 될 것이다."라고 호언장담하기도 했지요.

다트머스 회의 이후 매사추세츠 공과 대학교(MIT)와 카네기 멜론 대학교(CMU)에 인공 지능 연구소가 세워지고 1970년대까지 인공 지능을 개발하기 위해 많은 과학자가 연구에 뛰어들었어요. 하지만 과학자들의 의욕과는 달리 인공 지능은 기대만큼 발전하지 못했지요.

왜 그랬을까요? 처음부터 모든 것을 다 잘하는 인공 지능을 만들려고 했던 것이 문제였어요. 지금보다 성능이 좋지 않은 컴퓨터를 가지고 무엇이든 척척 해내는 인공 지능을 만들려고 한 것이 욕심이었던 거지요. 하지만 이를 바탕으로 1990년대 이후부터 다시 인공 지능 연구가 활발해져 다트머스 회의에서 토론했던 것들이 현실로 나타나기 시작했어요.

인공 지능 연구자들 고민에 빠지다

　과학자들은 인간과 비슷한 인공 지능을 개발하려고 했어요. 인간이 생각하는 규칙을 알려 주면 인간의 능력과 비슷한 인공 지능을 만들 수 있을 것이라고 생각했죠. 하지만 우리가 사는 세상은 몇 가지 규칙으로 설명할 수 없어요. 예를 들어, 인공 지능에게 '서울역에서 고속 철도를 타고, 부산역으로 가세요.' 처럼 정확하고 자세한 명령을 내리면 인공 지능은 쉽게 명령을 수행할 수 있어요. 서울역에서 고속 철도를 타는 방법만 인공 지능에게 학습시키면 되기 때문이에요. 하지만 '서울에서 부산까지 알아서 오세요.'와 같은 명령을 인공 지능이 수행하는 것은 무척 어려운 일이랍니다. 인공 지능에게 학습시켜야 할 것이 너무 많기 때문이에요. 서울에서 부산까지 비행기, 고속 철도, 고속버스 중에서 어떤 교통수단을 선택할지, 선택한 교통수단을 이용하기 위해 공항, 역, 버

스터미널로 어떻게 가야 할지 등을 하나하나 학습시켜야 하지요.

초기에 인공 지능을 연구하는 과학자들은 인간처럼 '추론'하고, '탐색'하는 능력을 인공 지능에게 학습시킬 수 있는 방법을 찾았어요. '추론'은 주어진 정보를 가지고 논리적으로 결론을 내리는 것이고, '탐색'은 미로에서 길을 찾을 때처럼 경우의 수를 따져 해답을 찾는 방법이에요. 하지만 현실에서는 정확한 해답을 찾을 수 없는 일이 너무 많아요. 예를 들어 '공부를 잘하려면 어떻게 해야 하는가?', '회사가 발전하려면 어떤 물건을 만들어야 하는가?'와 같은 문제를 해결하는 방법은 인공 지능에게 알려 줄 수 없어요. 인간도 정확한 해답이 무엇인지 알 수 없기 때문이에요.

차츰 인공 지능 연구에 뛰어들었던 과학자들은 하나둘씩 연구를 그만두기 시작했어요. 또한 인공 지능에 대한 관심도 크게 줄어들면서 연구비 지원도 많이 끊겼지요. 이때를 과학자들은 '인공 지능의 첫 번째 암흑기'라고 해요.

그 뒤 과학자들은 한 가지 일만 잘하는 인공 지능을 만들었고, 이를 통해 인공 지능의 첫 번째 암흑기에서 벗어날 수 있었어요. 인공 지능에게 서울에서 부산까지 갈 수 있는 모든 방법을 알려 주는 대신 고속 철도를 타는 인공 지능,

비행기를 타는 인공 지능을 따로 만들기로 한 거예요.

과학자들은 인공 지능을 만들기 위해 전문가들과 함께 일을 하기 시작했어요. 예를 들어 광물을 탐사하는 인공 지능을 개발하기 위해 광물 전문가에게 지질 구조 등 광물을 탐사하는 데 필요한 여러 지식을 배웠지요. 과학자들은 이 지식을 이용해 광물을 탐사할 수 있는 인공 지능을 만들었어요. 이런 인공 지능을 '전문가 인공 지능'이라고 불러요. 1960~1970년대에는 이런 방식으로 광물

을 탐사하는 '프로 스펙터', 기차를 관리하는 '델타 시스템' 등이 개발되었어요.

하지만 과학자들은 정해진 답이 없거나 전문가들이 해결할 수 없는 것들은 인공 지능으로 만들 수 없었어요. 예를 들어 '기분이 우울할 때 어떤 영화를 볼까?' 같은 문제들은 오랜 경험을 통해 알 수 있는 일들이지요. 이때를 '인공 지능의 두 번째 암흑기'라고 해요.

두 번의 암흑기를 겪은 인공 지능 과학자들은 새로운 방법을 찾기 시작했어요. 인간에 버금가는 인공 지능을 개발하고자 하는 욕심을 버리고 아주 작은 문제부터 해결해 나가기로 결정한 것이지요. 그때 과학자들이 새로운 목표로 삼은 것이 바로 체스를 두는 인공 지능이었어요.

인공 지능 딥블루, 체스 챔피언을 이기다

체스를 해 본 적이 있나요? 체스는 체크무늬의 판 위에 각자의 말을 놓고 상대방이 어떻게 말을 움직일지 예측하면서 풀어가는 게임이에요. 체스 분야에서는 러시아에서 태어난 가리 카스파로프 선수가 가장 유명해요. 그는 1985년부터 1993년까지 세계 체스 챔피언이었어요. 2005년에 은퇴할 때까지 세계 1위 자리를 지켰지요. 가리 카스파로프는 지금까지 역사상 가장 뛰어난 체스 선수로 인정받고 있어요. 하지만 가리 카스파로프가 세계적으로 유명한 이유는 따로 있어요. 바로 세계에서 처음으로 인공 지능과 체스 대결을 벌여 패배한 사람이기 때문이에요.

체스를 두는 인공 지능은 미국의 카네기 멜론 대학교에서 처음으로 연구하기 시작했어요. 이 체스 인공 지능의 이름은 '깊은 생각'이라는 뜻을 가진 '딥소트'였어요. 딥소트는《은하수를 여행하는 히치하이커를 위한 안내서》라는 유명한 공상 과학 소설에 나오는 컴퓨터 이름이에요. 1989년에 딥소트는 가리 카스파로프와 체스 대결을 벌였어요. 하지만 딥소트는 체스 챔피언의 상대가 되지 못했어요. 네 게임 중에서 한 게임도 가리 카스파로프에게 이기지 못했거든요.

그 뒤 컴퓨터 개발 회사인 아이비엠은 카네기 멜론 대학교로부터 딥소트를 사들여 딥소트의 이름을 딥블루로 바꾸고, 더욱 강력한 체스 인공 지능을 만들

었어요. 딥블루는 '깊은 파랑'이라는 뜻인데, 파랑은 아이비엠을 상징하는 색깔이에요. 딥블루는 100년 동안 열린 체스 경기 기록을 모두 학습하고 유명한 체스 선수들의 경기 방식도 학습했어요.

  1996년에 아이비엠은 가리 카스파로프에게 도전장을 내밀었어요. 아이비엠의 인공 지능 개발 능력을 전 세계에 알리고 다시 한 번 인공 지능 연구에 관심을 모을 수 있는 좋은 기회라고 생각했기 때문이에요.

  가리 카스파로프와 딥블루는 모두 여섯 차례 체스 대결을 벌였어요. 첫 번째 대결에서는 3시간 만에 딥블루가 이겼지요. 그리고 나머지 대결에서는 가리 카스파로프가 세 번을 이기고, 두 번을 비겼어요. 결국 가리 카스파로프가 3승 2무 1패로 딥블루에 승리를 거두었지요.

  다음 해, 아이비엠은 딥블루의 성능을 한 단계 더 높이고 가리 카스파로프에게 다시 체스 대결을 신청했어요. 이 딥블루를 '디퍼블루'라고 부르기도 해요. 가리 카스파로프는 첫 대결에서 처음부터 강하게 딥블루를 밀어붙였어요.

그리고 45수 만에 딥블루를 이겼지요. 그런데 문제는 딥블루의 마지막 수인 44번째 수였어요. 처음에 가리 카스파로프는 딥블루가 44번째 수를 놓았을 때 실수로 엉뚱한 곳에 놓았다고 생각했어요. 하지만 곰곰이 따져 보니 이 수가 바로 '신의 한 수'였던 거예요. 만약 체스 선수들이 생각하는 곳에 딥블루가 말을 놓았다면 20수 뒤에는 딥블루가 어차피 질 수밖에 없었지요.

딥블루가 무려 20수 앞을 계산한다는 것을 알게 된 가리 카스파로프는 그 뒤부터 경기에 집중하지 못하고 초조하게 경기를 풀어 갔어요. 두 번째 게임에서는 이길 수 있는 상황에서도 가리 카스파로프가 먼저 패배를 선언했지요. 마지막 대결에서도 가리 카스파로프는 어이없는 실수를 하며 1시간 만에 경기를 포

가리 카스파로프와 딥블루의 체스 대결
인공 지능인 딥블루는 2승 3무 1패로 세계 체스 챔피언인 가리 카스파로프를 이겼어요.

기했어요. 결국 가리 카스파로프와 딥블루의 두 번째 체스 대결은 2승 3무 1패로 딥블루의 승리로 끝이 났어요. 그런데 얼마 뒤에 첫 번째 게임에서 딥블루의 신의 한 수라고 생각했던 44번째 수가 사실 딥블루의 오류였다는 것이 밝혀졌어요. 이를 알게 된 가리 카스파로프는 딥블루와 다시 체스 대결을 벌이려고 했지만 아이비엠은 받아들이지 않았어요. 이로써 딥블루는 시간이 정해져 있는 정식 체스 경기에서 인간을 이긴 최초의 인공 지능이 되었지요. 하지만 가리 카스파로프는 인공 지능에 패한 최초의 인간이 되고 말았어요.

그 뒤 아이비엠은 인간과 대결을 벌일 수 있는 인공 지능을 개발하기 위해 눈을 돌렸어요. 아이비엠의 다음 목표는 퀴즈를 푸는 인공 지능이었지요.

인공 지능 왓슨, 퀴즈 대회에서 우승하다

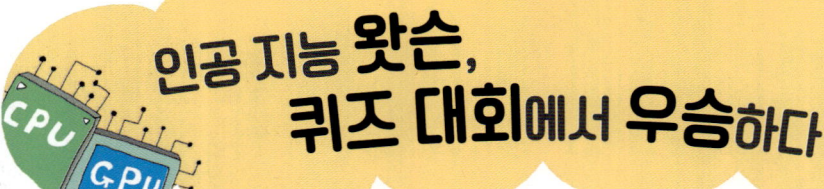

2004년, 아이비엠에서 일하는 찰스 리켈은 동료들과 함께 식당에서 저녁을 먹고 있었어요. 그런데 평소와 달리 식당이 아주 조용했지요. 사람들이 넋을 놓고 텔레비전을 보고 있었기 때문이에요. 텔레비전에서는 퀴즈 대결을 하는 프로그램인 '제퍼디'가 방영되고 있었어요. 그날의 퀴즈 우승자는 가장 오랫동안 승리를 이어가고 있는 켄 제닝스였지요.

텔레비전을 보던 찰스 리켈의 머릿속에 새로운 아이디어가 떠올랐어요. 퀴즈를 푸는 인공 지능을 개발하여 인간과 대결을 벌이자는 것이었어요. 그때 아이비엠은 세계 체스 챔피언인 가리 카스파로프를 딥블루가 꺾은 이후에 인공 지능이 도전할 수 있는 새로운 분야를 찾고 있었거든요. 찰스 리켈은 퀴즈라면 인공 지능이 인간보다 잘할 수 있을 것이라고 생각했어요.

아이비엠에서는 찰스 리켈의 아이디어를 받아들여 퀴즈를 푸는 인공 지능을 개발했어요. 이 퀴즈 인공 지능의 이름이 '왓슨'이에요. 아이비엠의 첫 번째 최고 경영자인 토머스 왓슨의 이름을 딴 것이랍니다. 왓슨이 처음 개발되었을 때는 퀴즈를 푸는 실력이 인간보다 형편없었어요. 500문제를 풀면 15퍼센트 정도만 정답을 맞혔지요. 정답을 알아내는 데도 몇 분씩 걸렸어요. 이에 비해 퀴즈 우승자들은 80퍼센트 이상 정답을 맞혔고, 몇 초 만에 정답을 알아낼 수 있었어요. 아이비엠은 왓슨의 실력을 높이기 위해 인공 지능이 인간의 언어를 이

퀴즈 쇼 '제퍼디'에서 인간과 퀴즈 대결을 벌이고 있는 왓슨
왓슨은 켄 제닝스와 브래드 루터를 큰 점수 차이로 이기고 퀴즈 챔피언이 되었어요.

해할 수 있는 기술을 발전시켰어요. 그 결과 왓슨은 사람의 목소리를 알아듣고 질문의 정답을 빠른 시간 안에 정확하게 맞힐 수 있게 되었지요.

2011년에 왓슨은 퀴즈 프로그램 '제퍼디'에서 가장 많은 상금을 받은 브래드 루터 그리고 우승을 가장 많이 차지한 켄 제닝스와 퀴즈 대결을 벌였어요. 결과는 어땠을까요? 왓슨이 두 사람을 큰 점수 차이로 손쉽게 이겼답니다. 무엇보다 놀라웠던 점은 왓슨이 단순한 정보뿐만 아니라 은유적이고, 추상적인 표현도 정확히 이해했다는 거예요. 예를 들어 '당신의 키보드에도 있다.'라는 제시어를 주고, "마음이 머무는 곳은 어디?"라는 질문에 왓슨은 '집'이라는 정답을 맞혔어요. 집은 영어로 '홈(Home)'인데, 컴퓨터의 키보드에는 홈이라고 쓰여 있는 키가 있고, '마음이 머무는 곳이 집'이라는 영어 속담이 있지요.

이에 비해 왓슨은 인간이 쉽게 맞힌 문제를 틀리기도 했어요. '미국 도시'라는 제시어를 주고 "이 도시의 가장 큰 공항은 제2차 세계 대전의 영웅 이름이고, 두 번째로 큰 공항은 제2차 세계 대전 때 있었던 전투의 이름이다. 이 도시는 어디인가?"라고 물었을 때 왓슨은 캐나다의 '토론토'를 정답으로 골랐어요. 하지만 실제 정답은 전쟁 영웅인 에드워드 오헤어의 이름을 딴 '오헤어 국제공항'과 미드웨이 해전의 이름을 딴 '미드웨이 국제공항'이 있는 미국의 '시카고'였지요.

인간 퀴즈 챔피언을 꺾은 인공 지능 왓슨을 여러분도 곧 만나볼 수 있을 거예요. 아이비엠은 왓슨을 더욱 발전시켜 의료용 인공 지능을 개발했어요. 왓슨은 환자의 의료 정보를 바탕으로 환자의 병을 진단하고 치료법을 조언해 주고 있지요. 특히 암과 백혈병 같은 병을 거의 정확하게 진단한다고 해요. 국내에도 이미 왓슨을 도입한 병원이 있답니다.

퀴즈 인공 지능에 이어 의료용 인공 지능이 먼저 개발된 까닭은 무엇일까요? 바로 왓슨이 퀴즈를 푸는 과정이 의사가 환자의 증상과 검사 결과를 통해 환자의 병을 진단하는 과정과 비슷하기 때문이에요. 둘 다 데이터를 보고 정답을 찾는 과정을 거치지요. 아이비엠은 데이터를 바탕으로 정답을 찾는 다양한 분야의 인공 지능을 개발하고 있어요. 이제 조만간 은행 상담원 왓슨, 변호사 왓슨, 대학 조교 왓슨을 만나 볼 수 있을 거예요.

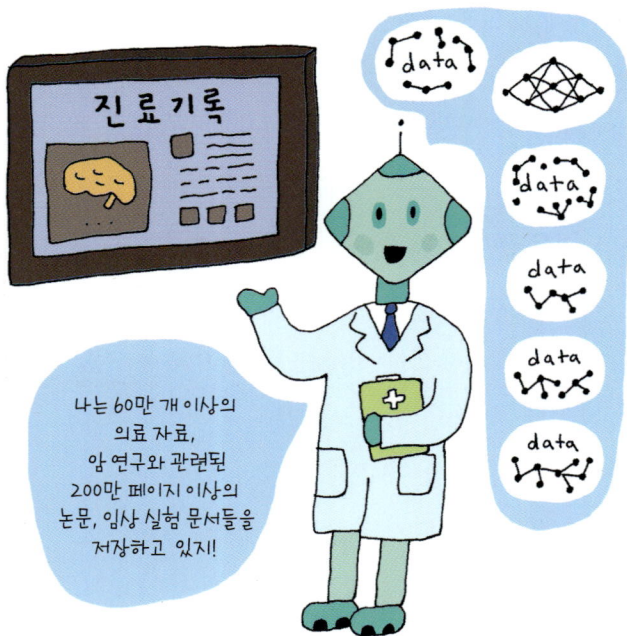

나는 60만 개 이상의 의료 자료, 암 연구와 관련된 200만 페이지 이상의 논문, 임상 실험 문서들을 저장하고 있지!

인공 지능 알파고, 바둑을 정복하다

바둑은 두 사람이 검은 돌과 흰 돌을 나누어 가지고 가로와 세로에 19줄이 그어져 있는 바둑판 위에 번갈아 돌을 두어 가며 승부를 겨루는 경기예요. 바둑판에 집을 넓게 지으면 이기지요. 바둑은 체스보다 바둑돌을 놓을 수 있는 경우의 수가 훨씬 많기 때문에 인공 지능이 프로 바둑 기사를 이길 수는 없다고 생각했어요.

2010년에 영국의 데미스 하사비스가 세운 딥마인드에서 바둑을 두는 인공 지능을 개발했어요. 이 인공 지능이 바로 '알파고'예요. 알파고는 스스로 학습할 수 있는 능력을 갖추고 바둑 실력을 쌓았어요. 데미스 하사비스는 2014년에 딥마인드를 인터넷 기업인 구글에 엄청난 가격을 받고 팔았지요.

다음 해, 알파고는 유럽 바둑 챔피언인 판 후이 2단과 바둑 대결을 벌여 승리했어요. 하지만 판 후이는 세계 최고 수준의 바둑 기사는 아니었어요. 2016년에 알파고는 세계에서 가장 뛰어난 프로 바둑 기사로 손꼽히는 이세돌과 대결을 벌였어요. 바둑 전문가들은 이세돌 9단이 쉽게 승리할 거라고 생각했어요. 판 후이와의 대결에서 보여준 알파고의 실력은 이세돌 9단에 훨씬 못 미치는 수준이었거든요.

첫 경기에서 알파고는 경기 초반에 프로 바둑 기사라면 절대 두지 않을 곳에 바둑돌을 놓았어요. 그것을 본 사람들은 이세돌 9단이 당연히 승리하리라고 생

이세돌 9단과 알파고의 바둑 대결
바둑 인공 지능인 알파고는 프로 바둑 기사인 이세돌 9단과 바둑 대결을 벌여 4대 1로 이겼어요.

각했어요. 그런데 경기가 막바지에 이르자 이세돌 9단이 알파고에 크게 뒤지는 것으로 나타났어요. 사람들은 어리둥절했고, 결국 이세돌 9단은 경기 세 시간 만에 패배를 선언했지요.

이세돌 9단이 알파고에 패배하자 사람들은 크게 놀랐어요. 이세돌 9단도 자신이 질 것이라고 생각하지 않았지요. 더욱 놀라운 것은 알파고가 초반에 놓았던 이해할 수 없던 수는 알파고의 실수가 아니라 알파고가 바둑을 두는 방식이었던 거예요. 바둑 기사는 더 많은 집을 차지하기 위해 바둑판 모서리부터 바둑돌을 놓는 경우가 많아요. 사방이 뚫린 중앙은 바둑돌을 놓을 수 있는 자리가 많아서 바둑 기사들이 경우의 수를 계산하기 힘들기 때문이지요. 이에 비해 모서리 부근은 바둑돌을 놓을 곳이 줄어들어 바둑 기사들이 어떤 모양으로 집을 지을지 쉽게 계산할 수 있거든요. 그런데 알파고는 중앙에 어떤 모양의 집을 지을지 미리 계산하는 데 성공한 거예요. 알파고는 인간이 쫓아갈 수 없는 계산 실력으로 이세돌 9단에게 이겼어요. 그 뒤에 벌어진 두 번째, 세 번째 경기에서도 알파고는 승리했답니다.

이세돌 9단의 반격이 시작된 것은 네 번째 경기였어요. 경기가 시작되자 알파고는 뛰어난 계산 실력을 내세워 이세돌 9단에게 앞서갔어요. 그런데 이세돌 9단이 뜻밖의 장소에 78수를 놓았어요. 알파고는 이세돌 9단의 이 수에 완전히 허를 찔려 머뭇거리기 시작했지요.

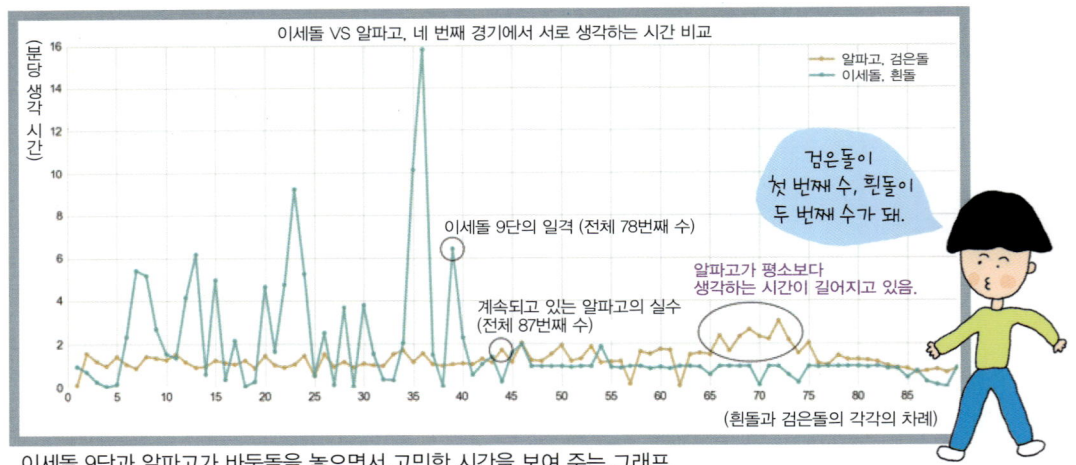

이세돌 9단과 알파고가 바둑돌을 놓으면서 고민한 시간을 보여 주는 그래프

오랜 생각 끝에 알파고도 다시 반격에 나섰어요. 하지만 알파고가 87수를 둘 즈음부터 연이어 실수를 하기 시작했어요. 다음 바둑돌을 놓을 곳을 생각하는 시간도 급격히 늘어났어요. 그리고 180수 만에 패배를 선언했지요. 이세돌 9단이 알파고를 처음으로 이긴 거예요. 마지막 다섯 번째 경기에서 이세돌 9단은 알파고에 처음에는 앞섰지만 중간 이후에 밀리다가 지고 말았지요. 결국 알파고

가 4대 1로 이세돌 9단을 이겼어요.

　이세돌 9단과 알파고의 대결로 사람들은 멀게 느껴졌던 인공 지능이 우리 눈앞에 성큼 다가와 있다는 것을 알게 되었어요. 그리고 인공 지능이 계속 발전해 인간의 일자리를 빼앗고, 나아가 사람을 지배하게 되는 것이 아닌가 하는 두려움도 함께 느꼈어요. 하지만 사람들은 이세돌 9단을 통해 인간의 능력을 새삼 확인할 수도 있었어요. 알파고는 하루에 수만 판씩 바둑을 두며 인간 바둑 기사의 수천 년에 해당하는 시간을 연습한 셈이에요. 이세돌 9단은 그런 알파고도 생각해 내지 못한 신의 한 수로 알파고를 이기는 데 성공했어요. 바로 창의성 덕분이죠. 인간만이 할 수 있는 창의력을 발휘할 수 있다면 인간이 할 일은 계속 남아 있을 거예요.

　현재 알파고는 의학 분야를 비롯한 다양한 분야에 진출하고 있어요. 환자를 진단하고 치료하는 데 이용하고 있으며 에너지 절약, 신약 개발, 자율 주행차를 개발하는 데도 알파고를 활용할 계획이라고 해요.

한눈에 살펴보는 컴퓨터의 역사

아주 오래전부터 사람들은 주판 같은 도구를 이용해 계산을 빠르고 간편하게 하려고 노력했어요. 그러나 지금과 같은 컴퓨터가 만들어진 것은 20세기에 이르러서예요. 컴퓨터가 어떻게 발전해 왔는지 살펴볼까요?

컴퓨터는 어떻게 만들어졌을까?

컴퓨터가 있어 너무 편리해.

콜로서스

제2차 세계 대전 중에 영국에서 개발된 세계 최초의 연산 컴퓨터예요. 다양한 문자나 숫자의 조합을 여러 가지 방식으로 조건에 맞게 분석해서 풀어내는 암호 해독용 컴퓨터로 개발됐어요. 동기화를 위한 내부 클럭, 이진법, 리본을 이용한 데이터 판독, 버퍼 메모리 사용 등 전혀 새로운 기계였지요.

에니악

제2차 세계 대전 중에 미국의 대학교에서 개발한 컴퓨터예요. 포탄의 궤적을 계산하거나 수소 폭탄의 폭발을 예측하는 등 군사적 목적으로 개발되었어요. 기억 장치로 진공관을 이용했는데, 무려 18,800개의 진공관이 들어가 무게가 30톤에 이르렀어요. 게다가 가격도 매우 비쌌지요. 1950년대까지 사용되었어요.

아이비엠 701

아이비엠이 1952년에 개발한 상업용 컴퓨터예요. 아이비엠 701은 순차적인 수행과 부분적으로 동시 처리를 하는 컴퓨터로, 과학과 기술 데이터를 처리하는 고급 컴퓨터였어요. 연산 속도가 엄청나게 빨랐지요. 기업에서 업무용으로 사용하기 시작했는데, 그 후 아이비엠은 대표적인 컴퓨터 회사로 자리 잡게 되었어요.

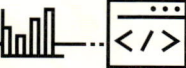

알테어 8800과 애플 1

최초의 개인용 컴퓨터인 알테어 8800은 1975년에 에드 로버츠가 개발했어요. 당시 가격은 297달러에서 395달러에 이르렀으며 256바이트에 불과한 메모리를 장착하고 있었어요. 1976년에는 스티브 워즈니악과 스티브 잡스가 애플 1을 개발했어요. 키보드와 케이스를 따로 팔았고, 외부 키보드와 모니터를 따로 연결해야 했답니다. 그 뒤 개발된 애플 2는 모니터와 키보드를 함께 팔았어요.

인공 지능은 스스로 생각할 수 있을까?

인공 지능은 스스로 생각하는 능력을 지닌 기계라고 할 수 있어요. 그렇다면 생각할 수 있다는 것은 무엇일까요? 인공 지능을 연구하는 과학자들은 생각을 '주위에서 일어나는 일과 환경에 맞추어 어떤 목표를 이룰 수 있는 방법을 찾는 능력'이라고 여겼어요. 그래서 손으로 쓴 글자를 보고, 컴퓨터에 입력해 주는 알고리즘 기술도 인공 지능이라고 생각했지요. 하지만 이렇게 간단한 정보 변환 기술을 생각하는 능력, 즉 '지능'이라고 할 수 있느냐를 두고 논쟁이 계속되었어요. 그중 가장 유명한 논쟁이 1980년대 미국의 철학자 존 설이 제시한 '중국어 방' 상상 실험이에요.

실험은 간단해요. 한쪽에 벽이 뚫린 방이 있어요. 방 한가운데 있는 책상에는 중국어를 영어로 번역하는 방법이 적힌 두꺼운 책이 연필, 공책과 함께 놓여 있지요. 방 안으로 영어는 할 줄 알지만 중국어는 전혀 모르는 사람이 들어가요. 방 밖에는 중국 사람이 있고요. 중국 사람은 중국어로 된 문서를 방 안으로 넣어요. 그러면 방 안에 있는 사람은 책을 보고, 중국어를 영어로 번역하여 방 밖에 있는

중국 사람에게 건네주는 실험이에요.

이 실험은 인공 지능이 문제를 해결하는 방법을 거의 똑같이 따라한 거예요. 방 밖에 있던 중국 사람은 방 안에 있던 사람이 중국어를 잘한다고 생각할 거예요. 하지만 실제로는 중국어를 전혀 모르지요. 그럼, 방 안에 있던 사람은 중국어를 번역했다고 할 수 있을까요? 아니에요. 그 사람이 실제로 중국어를 이해한 것은 아니니까요. 인공 지능도 마찬가지예요. 인공 지능이 어떤 문제에 정답을 맞혔다고 해서 '생각하는 능력'이 있다고 할 수 없어요.

그래서 인공 지능 연구자들은 인간의 직관을 흉내 낼 수 있는 방법을 찾고 있어요. 직관은 복잡한 정보 속에서 정답을 찾아내는 인간의 특별한 능력인데, 인공 지능은 많은 연습과 방대한 데이터를 바탕으로 인간의 직관을 흉내 낼 수 있을 것으로 보고 있어요.

인공 지능은 어떻게 학습할까?

초기에 인공 지능을 연구하던 과학자들은 인공 지능에게 규칙을 가르치면 언젠가는 모든 일을 잘하는 인공 지능을 만들 수 있다고 생각했어요. 하지만 곧 해결할 수 없는 문제에 부딪혔어요. 그중 한 예가 고양이 사진을 구분하는 것이었어요. 사람은 고양이 사진을 보면 한눈에 알아볼 수 있어요. 그렇지만 인공 지능은 고양이, 개, 호랑이가 섞여 있는 사진들 중에서 고양이 사진을 골라내라는 명령을 쉽게 수행하지 못했어요.

이처럼 인공 지능이 어려운 수학 문제는 쉽게 척척 풀어도, 고양이 사진을 골라내는 것처럼 사람에게 쉬운 문제는 해결하지 못해서 쩔쩔 매는 것을 '모라벡의 역설'이라고 해요. 미국의 로봇 공학자인 한스 모라벡이 '어려운 일은 쉽고, 쉬운 일은 어렵다.'며 컴퓨터와 인간의 능력 차이를 표현한 말이지요.

과학자들은 이 문제를 해결하기 위해 숫자와 규칙을 이용해 보려고 했어요. 하지만 성공하지 못했죠. 고양이의 종류가 너무 많고 고양이의 자세와 표정도 매우 다양하기 때문에 인공 지능이 어려워했거든요.

그래서 인공 지능 연구자들은 인공 지능이 스스로 공부하는 방법을 찾았어요. 이를 '기계 학습'이라고 해요. 영어로는 '머신 러닝'이라고 하지요. 기계 학습은 인공 지능 스스로 데이터를 수집하고 분석해서 규칙을 찾는 과정이에요. 먼저 어떤 문제를 해결하기 위한 규칙을 학습시키고, 새로운 데이터를 입력해서 결과를 예측하도록 훈련을 해요. 그런 다음, 학습한 내용을 기반으로 방대한 양의 데이터를 분석하고 인공 지능 나름의 규칙을 세우지요.

 최근에는 기계 학습을 할 때 인간의 신경을 모방하는 방법을 활발히 연구하고 있어요. 이를 '인공 신경망'이라고 해요. 사람의 뇌는 수천억 개가 넘는 신경 세포가 그물처럼 얽혀 신호를 주고받아요. 만약에 우리가 맛있는 음식을 먹으면 코의 후각 세포가 냄새를 맡고, 혀의 미각 세포가 맛을 보고서 뇌로 신호를 보내요. 한두 개의 세포가 아니라 수십만 개 이상의 세포가 신호를 주고받는데, 사람의 뇌는 이런 신호를 종합해서 '맛있다'는 결론을 내린답니다.

 인공 신경망은 수많은 '노드'가 서로 신호를 전달하면서 정보를 분석하고 예측해요. 노드는 데이터 통신망이나 네트워크상의 연결점을 말하는데, 인간의 신경 세포와 같은 역할을 하지요. 노드와 노드가 서로 신호를 전달하려면 서로를 연결하는 네트워크를 만들어야 해요. 처음 데이터를 받은 노드는 연결되어 있는 다음 단계의 노드로 신호를 전달하는데, 수십만 개의 신호 가운데 중요하다고 생각하는 정보와 그렇지 않은 정보를 골라 결론을 내리지요. 이때 자신이 중요하다고 생각하는 정보에 표시를 해서 신호를 보내요. 이 과정을 여러 번 거치면

정보의 특징을 밝혀낼 수 있어요. 이렇게 어떤 특징을 밝혀내는 여러 개의 노드 모임을 '층'이라고 불러요. 층이 많을수록 정확한 예측을 할 수 있어요.

인공 신경망은 오래전에 개발된 방법이었지만 오랫동안 주목받지 못했어요. 사람의 뇌처럼 복잡한 신경망을 만들려면 성능이 아주 뛰어난 컴퓨터가 필요한데, 당시 컴퓨터의 성능은 지금처럼 좋지 않았거든요. 1989년에는 인공 신경망을 이용해 사람들이 손으로 쓴 우편 번호를 인식한 뒤 분류할 수 있다는 결과가 발표되었어요. 이 인공 신경망은 높은 정확도를 보였지만 우편 번호를 인식하도록 훈련시키는 데만 3일이나 걸렸답니다. 아무리 일처리를 잘해도 작업 속도가 이렇게 떨어진다면, 그 누구도 인공 지능에게 일을 맡기지 않을 거예요.

인공 신경망이 스스로 학습하고 분석하여 데이터의 특징을 밝혀내기 위해서는 엄청난 양의 데이터가 필요해요. 예를 들어 인공 신경망이 번역하는 방법을 학습하려면 이미 사람이 번역해 놓은 엄청난 양의 데이터를 이용해야 해요.

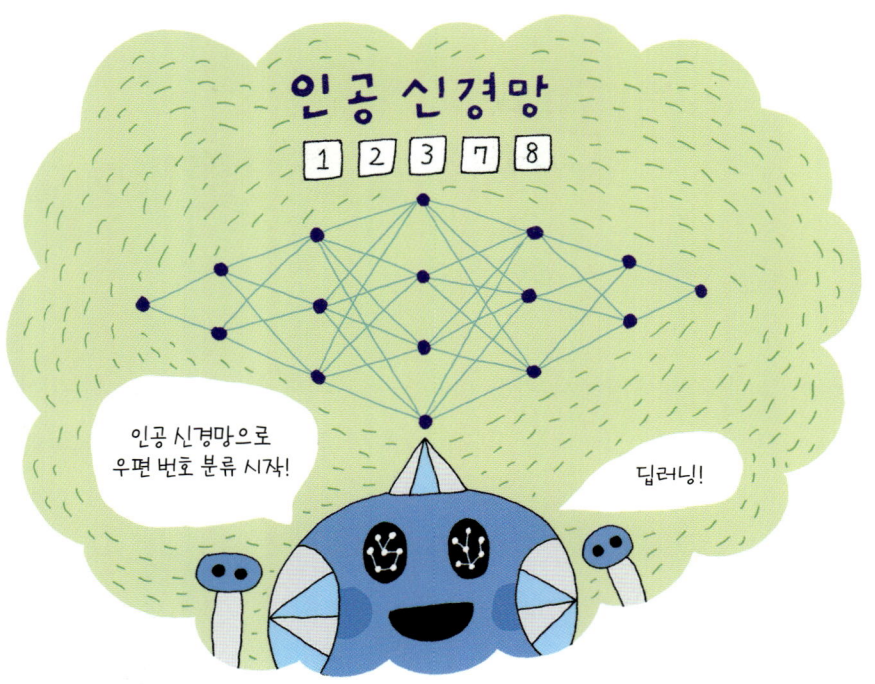

데이터가 많을수록 정확한 번역을 할 수 있어요. 하지만 데이터가 많지 않으면 번역을 정확하게 할 수 없지요.

　현재 가장 많이 이용하는 인공 지능의 학습 방법은 인공 신경망을 이용한 '딥러닝'이에요. 딥러닝은 인공 지능에게 규칙을 설명하지 않아요. 엄청나게 많은 데이터를 집어넣으면 인공 지능이 스스로 학습하지요. 예를 들어, 엄청난 양의 고양이 사진을 인공 지능에 집어넣으면 딥러닝은 고양이 사진을 보고 여러 단계의 층에서 다양한 특징을 찾아내지요. 딥러닝은 처음 단계에서 이미지를 아주 단순하게 분석하는데, 고양이들의 얼굴에서 기울기가 같은 선들을 찾아내요. 층이 하나씩 높아지면서 서로 다른 특징을 찾아내고 결국 가장 높은 층에서는 고양이 얼굴을 구분할 수 있게 된답니다.

알파고는 어떻게 바둑을 배웠을까?

　2016년, 알파고가 세계에서 가장 바둑을 잘 두는 사람으로 손꼽히는 이세돌 9단을 4대 1로 이겼어요. 이세돌 9단을 이긴 알파고는 인공 신경망을 바탕으로 만든 인공 지능이에요. 알파고는 딥러닝으로 학습했지요. 알파고가 딥러닝으로 어떻게 바둑을 배웠는지 알아볼까요?

　알파고를 개발한 구글은 알파고에 16만 판이 넘는 '바둑 기보'를 입력했어요. 바둑 기보는 바둑 기사들의 대국 내용을 기록한 것이에요. 바둑 기사들이 흰 돌과 검은 돌을 어떤 순서로 어떤 자리에 놓았는지 기록되어 있지요. 구글은 프로 바둑 기사의 기보뿐만 아니라 아마추어 바둑 기사의 기보도 모두 알파고에 입력했어요. 알파고는 바둑 기사들이 바둑을 두는 방식을 주로 학습했지요. 무작정 경우의 수를 따지지 않고 바둑 기사가 바둑돌을 놓을 법한 곳을 알면 계산을 크게 줄일 수 있으니까요. 바둑 기사들도 바둑의 모든 경우의 수를 계산할 수 없어요. 오랜 경험으로 가장 좋은 자리를 찾는 거지요.

　그런 다음, 알파고를 여러 버전으로 만들어 알파고끼리 대결하도록 했어요. 알파고는 하루에도 수만 판씩 바둑을 두면서 실력을 쌓았지요. 알파고끼리의 대결에서 나온 바둑 기보는 또 다시 알파고의 학습에 쓰였어요. 인간은 결코 따라할 수 없는 학습 방법이에요. 어떤 사람은 알파고가 이세돌 9단보다 천 년 이상 더 오래 공부를 한 것과 마찬가지라고 말하기도 했어요.

인공 지능과 인간은 어떻게 소통할까?

나라마다 쓰는 말은 다 달라요. 영국 사람은 영어를, 프랑스 사람은 프랑스어를, 중국 사람은 중국어를, 아랍 사람들은 아랍어를 쓰지요. 여러 나라 사람이 모였을 때 자기 나라 말만 할 줄 안다면 어떻게 될까요? 서로 대화를 나눌 수 없을 거예요. 그래서 세계 여러 나라 사람들은 영어처럼 가장 많은 사람이 쓰는 언어를 배워서 대화를 나누지요.

언어는 글자로 나타낼 수 있어요. 우리가 쓰는 한글은 24개의 자음과 모음으로 이루어져 있고, 영어는 26개의 알파벳으로 이루어져 있지요. 하지만 컴퓨터는 인간과 다른 언어를 써요. 우리가 쓰는 것처럼 다양한 언어를 쓸 수 없지요. 컴퓨터는 전류의 세기로 언어를 주고받기 때문이에요.

컴퓨터가 쓰는 언어를 '기계어'라고 해요. 기계어는 0과 1로 이루어져 있어요. 컴퓨터의 언어가 0과 1로 구성되어 있는 이유는 무엇일까요? 컴퓨터는 전기가 흐를 때와 그렇지 않을 때를 잘 구분해요. 그래서 전기가 흐를 때를 1, 흐르지 않을 때를 0이라고 정했어요. 만약 전기를 빠르게 흘렸다, 껐다, 다시 흘리면 1-0-1이라고 표현할 수 있어요. 그런데 우리가 쓰는 언어를 0과 1로만 표현하려면 길어질 수밖에 없어요. 예를 들어, 기계어로 '사탕'은 '001110', '~이'는 '0101', '맛있다'는 '00010001'이라고 하면 '사탕이 맛있다'를 컴퓨터에 '001110 0101 00010001'이라고 입력해야 해요. 그래야 컴퓨터가 '사탕이 맛있다'라는 뜻으로 받아들이거든요.

 기계어는 한눈에 보기에도 무척 복잡하고 헷갈려요. 컴퓨터에게 '사탕이 맛있다'와 같은 정보를 알려 주기 위해서 복잡한 정보를 매번 입력하기가 무척 어렵기 때문에 인간과 기계가 서로 소통할 수 있는 언어를 만들었어요. 이를 '프로그래밍 언어'라고 하지요. 프로그래밍 언어는 사람이 쓰는 언어처럼 만들었기 때문에 기계어보다 컴퓨터 프로그램을 만들기가 훨씬 쉬워요. 0과 1을 반복해서 적을 필요가 없어서 언어의 길이도 짧지요. 예를 들어 컴퓨터가 계산한 결과를 화면에 보여 달라는 명령을 내리면 010010101… 같은 복잡한 기계어를 입력해야 해요. 그런데 프로그래밍 언어로는 간단하게 '프린트(print)'라고 입력할 수 있어요. 프린트는 영어로 '출력하다'라는 뜻으로, 프로그래밍 언어에서도 출력하다는 뜻으로 쓰지요. 프로그래밍 언어의 종류는 수십 가지가 넘어요.

 만약 여러분이 미래의 인공 지능 연구자가 되고 싶다면 프로그래밍 언어를 꼭 공부해야 될 거예요.

49

인공 지능은 왜 인간과 대결을 벌일까?

　지난 20년 동안 바둑, 체스, 퀴즈 분야에서 가장 뛰어난 사람들이 인공 지능에게 연달아 패배했어요. 인공 지능 개발자들이 가리 카스파로프나 이세돌 9단을 망신 주기 위해서 대결을 요청한 것은 아니에요. 알파고를 개발한 데미스 하사비스는 이세돌 9단과 알파고의 바둑 경기가 끝난 뒤에 이세돌 9단의 용기에 감사하다고 말하기도 했어요.

　인공 지능 개발자들이 게임이나 퀴즈를 연구하는 까닭은 무엇일까요? 게임과 퀴즈가 인공 지능의 능력을 확인할 수 있는 가장 좋은 방법이기 때문이에요. 바둑과 체스는 전쟁에서 병사들이 움직이는 것을 본떠 만든 게임이에요. 현실 세계에서 일어나는 일과 무척 닮아 있지요. 이런 게임은 경우의 수를 계산하면서 미래를 예측할 수 있는 능력을 실험해 볼 수 있어요. 또한 퀴즈는 사람들이 생활하면서 나누는 대화와 비슷해요. 퀴즈를 풀려면 인공 지능이 인간의 언어를 이해할 수 있어야 해요. 실제로 아이비엠이 퀴즈 인공 지능인 왓슨을 연구할 때 인간의 언어를 왓슨에게 이해시키는 기술을 개발하는 데 가장 많은 노력을 기울였어요. 게임과 퀴즈는 이기고 지는 것도 분명해요. 승부를 결정하는 규칙도 단순한 편이지요. 점수를 더 많이 낸 사람이 이기거나 상대방의 땅을 빼앗은 사람이 이기는 것처럼 말이에요.

　물론 단점도 있어요. 가장 큰 단점은 시간이에요. 퀴즈를 풀거나 바둑돌을

놓을 때 무한정 오랫동안 생각을 한다면, 대결이 끝나지 않겠죠? 만약 시간을 정해 놓지 않으면 계산을 맘껏 할 수 있기 때문에 인공 지능이 더 뛰어난 결과를 내놓을 수 있어요. 알파고는 이세돌 9단과 대결을 벌이기 전에 유럽의 바둑 챔피언인 판 후이와 바둑 대결을 벌인 적이 있는데, 계산할 시간이 충분했을 때는 알파고가 판 후이에게 다섯 번 싸워 다섯 번을 모두 이겼지만 계산할 수 있는 시간이 10초 정도로 짧았을 때는 다섯 번을 싸워서 세 번은 이기고 두 번은 졌어요.

인공 지능 개발자들이 어떤 분야에서 가장 뛰어난 사람들에게 도전장을 던지는 이유는 또 있어요. 인공 지능 개발 회사를 홍보할 수 있기 때문이에요. 아이비엠에서 만든 딥블루가 세계 체스 챔피언을 이긴 뒤에 아이비엠은 인공 지능 산업을 이끌 회사로 세상에 알려졌어요. 또 알파고가 이세돌 9단을 꺾은 뒤에는 알파고를 만든 구글의 인공 지능 기술에 대한 관심이 높아져 구글의 기업 가치가 올라갔답니다.

인공 지능 연구에 GPU를 쓰는 까닭은?

 인공 지능을 만들기 위해서는 성능이 뛰어난 컴퓨터가 필요해요. 일반적인 프로그램보다 훨씬 많은 명령어를 처리해야 할 뿐만 아니라 엄청난 양의 데이터를 저장하고 처리하는 기술이 필요하기 때문이에요. 그래서 인간의 두뇌 역할을 하는 '중앙 처리 장치(CPU)'와 '그래픽 처리 장치(GPU)'가 무척 중요하지요. 전통적으로 컴퓨터의 두뇌 역할은 중앙 처리 장치가 맡아 왔어요. 하지만 빅데이터, 3차원(3D) 그래픽 등 정보량이 늘면서 요즘은 그래픽 처리 장치가 주목받고 있어요.

　중앙 처리 장치와 그래픽 처리 장치는 둘 다 데이터를 읽고 계산을 통해 답을 찾는 역할을 해요. 그러나 계산을 하는 방식은 달라요. 중앙 처리 장치는 한 번에 하나씩 빠르게 일을 처리하는 직렬 방식으로 명령을 수행하지요. 이에 비해 그래픽 처리 장치는 여러 명령을 동시에 처리하는 병렬 방식이에요. 중앙 처리 장치는 속도가 빠른 자동차 한 대에 피자 100판을 싣고 배달하는 방식이라면 그래픽 처리 장치는 오토바이 100대에 피자 한 판씩 싣고 배달하는 방식이라고 할 수 있어요. 이런 차이 때문에 처리해야 할 명령어와 데이터의 성격에 따라 중앙 처리 장치와 그래픽 처리 장치를 활용하는 곳이 달라요.

　그래픽 처리 장치는 원래 게임이나 영상 작업을 위해 만들었어요. 수천 개의 점을 매번 계산해서 형태를 바꿔야 하기 때문에 중앙 처리 장치보다 그래픽 처리 장치가 주로 활용되고 있지요. 하지만 요즘은 연산을 엄청나게 많이 해야 하는 인공 지능 연구도 그래픽 처리 장치를 많이 사용해요. 계산량이 엄청나게 많은 작업은 중앙 처리 장치로는 도저히 처리하기가 어렵고, 여러 대의 컴퓨터가 필요하거든요. 당연히 비용도 많이 들어가지요. 그래서 인공 지능 연구자들은 그래픽 처리 장치에 관심을 두고 있어요. 우리나라의 유명한 인공 지능 연구자는 그래픽 처리 장치를 한꺼번에 사들여서 "교수님 요즘 게임에 빠지셨나 봐요?"라는 오해를 사기도 했다고 해요.

　현재는 인공 지능뿐만 아니라 인공 지능 못지않게 많은 양의 계산을 필요로 하는 슈퍼컴퓨터에도 그래픽 처리 장치가 사용되고 있답니다. 슈퍼컴퓨터는 기상 예보, 우주 개발, 원자력 계산 등을 위해 많은 양의 데이터를 초고속으로 처리할 수 있어야 하기 때문이에요.

인공 지능도 직관이 있을까?

　직관은 어떤 대상을 한눈에 파악하는 능력이에요. 예를 들어 엄마가 심부름을 시킬지, 안 시킬지 한눈에 눈치채는 것을 말해요. 직관을 한마디로 설명하기는 어려워요. 논리적이고 이성적으로 결과를 따지지 않고서 바로바로 파악하는 능력이거든요.
　인간의 직관은 오랜 경험에 의존하는 것이 많아요. 예를 들어 알파고와 대결

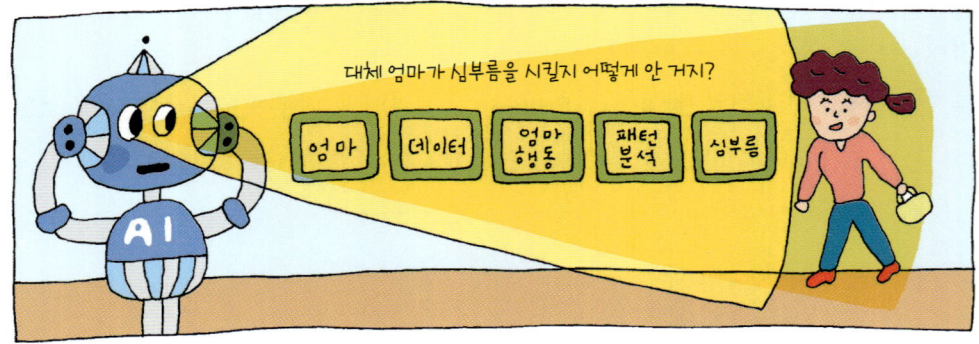

54

했던 이세돌 9단이 바둑을 둘 때도 그동안 수없이 해 온 대결을 바탕으로 바둑돌을 놓을 자리를 직관적으로 선택하지요. 과학자들도 연구 경험을 바탕으로 새로운 실험 계획을 직관적으로 세워요. 직관은 사람의 모든 경험을 바탕으로 이끌어 낸 새로운 결과인 셈이에요.

그런데 인간의 직관은 완전하지 않아요. 예를 들어, 야구에서는 3할 타자를 매우 중요하게 생각해요. 열 번 타석에 들어가서 세 번 안타를 치는 선수를 3할 타자라고 부르는데, 강타자의 상징이지요. 이 3할이라는 기준은 어떻게 나온 걸까요? 3할 타자가 강타자의 상징이 된 것은 전적으로 감독과 해설자들의 직관 때문이었어요. 2할9푼9리를 치는 타자와 3할 타자의 실력이 사실 확연히 차이가 나는 것은 아니랍니다. 2~3주에 안타 하나를 더 치고 못 치고 정도일 뿐이지요.

만약 경험을 바탕으로 직관이 생긴다면, 인공 지능은 인간보다 더 뛰어난 직관을 가질 수 있을 거예요. 인공 지능이 인간보다 짧은 시간에 훨씬 더 많은 경험을 할 수 있으니까요. 예를 들어 알파고가 딥러닝으로 바둑을 학습할 때, 바둑 기사들의 대결을 학습하고, 알파고끼리 바둑 대결을 하여 경험을 쌓으면서 이세돌 9단을 이길 수 있는 실력으로 발전했어요. 알파고가 인간의 직관을 흉내 내 이세돌 9단을 이긴 거예요.

하지만 사람의 행동 하나하나를 직관적으로 파악하는 인공 지능을 만들기는 어려울 거예요. 인공 지능이 이해할 수 있는 데이터를 만들기 어렵거든요. 예를 들면 엄마의 심부름 습관 같은 거예요. 그때그때 상황에 따라 일어나는 일이기 때문에 인공 지능이 이해할 수 있는 숫자나 규칙으로 바꾸기가 대단히 어렵지요. 이처럼 인간은 본능적으로 직관을 발전시켜 왔는데, 이것도 인공 지능이 학습하고 파악하기 어려운 일일 거예요.

인공 지능과 우정을 나눌 수 있을까?

　우리는 친구와 함께 공부하고, 놀면서 즐겁게 지내다가 사소한 일로 싸우고, 삐치고, 화를 내기도 해요. 그러면서 점점 서로를 이해하고 친구가 되는 거예요. 앞으로는 인간과 인공 지능도 친구처럼 지낼 수 있을까요?

　인공 지능이 우리와 친구가 되려면 인간처럼 느끼고 생각해야 해요. 하지만 지금까지 개발되어 있는 인간을 닮은 인공 지능 로봇은 인간의 표정과 행동, 말과 글 등을 파악하여 인간의 감정을 인식하는 수준이에요. 스스로 감정이 생겼다고 할 수 없지요. 그래서 어떤 사람은 인간과 인공 지능이 친구가 될 수 없을 거라고 주장해요. 이에 비해 어떤 사람은 인간과 인공 지능이 친구가 될 수 있다고 주장하지요. 인공 지능이 인간과 똑같을 필요는 없다고 생각하기 때문이에요. 인공 지능의 감정이 인간과 달라도 충분히 우정을 나눌 수 있다는 것이죠.

　인간과 인공 지능이 친구가 되기 위해서 서로를 완전히 이해해야 할 필요는 없어요. 여러분이 다른 나라 사람과 친구가 되는 경우를 생각해 보세요. 서로 다른 언어를 쓰고 다른 문화에서 자랐지만, 서로에 대해서 알아가면서 좋은 친구가 될 수 있잖아요. 그러니까 인공 지능과 인간도 서로를 완벽하게 이해할 수 없어도 친구가 될 수 있을 거예요. 다만 인간이 친구를 사귀는 것과는 전혀 다른 방식이겠지요.

미래 세계를 다룬 영화나 드라마에는 외계인과 인간이 친구인 경우가 많아요. 우주 함선을 배경으로 한 영화 〈스타 트렉〉에도 외계인과 인간이 친구로 나와요. 〈스타 트렉〉의 주인공인 스팍은 외계 종족인 벌컨 족이에요. 벌컨 족은 모든 일을 논리적이고 이성적으로만 판단해요. 스팍과 인간은 서로를 완벽히 이해하지는 못해요. 그런데도 여러 가지 사건을 거치면서 우정을 나누지요. 인공 지능과 인간이 친구가 된다면 외계인과 우정을 나누는 과정과 비슷하지 않을까요? 인공 지능이 우리와 함께 생활하게 된다면 사람들은 인공 지능을 점점 친근하게 느끼게 될 거예요. 애정도 싹트기 시작하고요. 친구에게 털어 놓지 못한 말들을 할 수도 있을 거예요. 우정의 모양은 달라도 인공 지능과 새로운 관계 맺기가 불가능한 일만은 아닐 거예요.

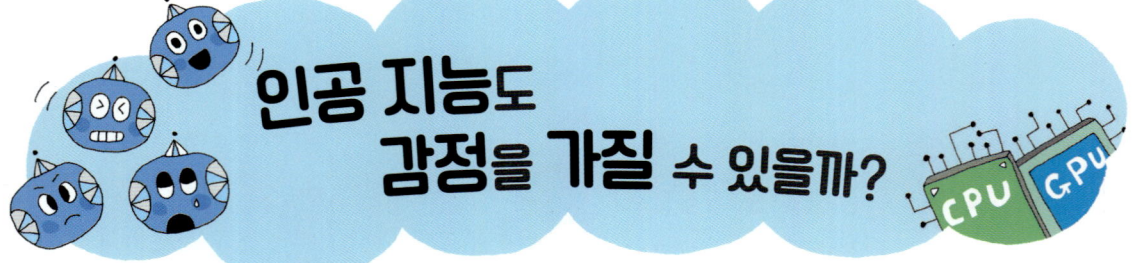

인공 지능도 감정을 가질 수 있을까?

　우리는 맛있는 음식을 먹으면 행복해지고, 괴물을 보면 공포를 느끼고, 악당을 보면 분노를 느껴요. 바로 '감정'이 있기 때문이지요. 철학자들은 감정을 '어떤 자극에 대해 마음 상태가 변화한 것'으로 정의해요. 마치 수학 문제를 입력하면 계산을 마쳐서 결과를 내놓는 컴퓨터처럼 사람이 느끼는 감정도 어떤 자극에 대한 결과로 생각한 것이지요.

　이런 입장에서 본다면 어떤 존재도 감정을 가질 수 있어요. 사람이든, 고양이든, 컴퓨터든 어떤 자극을 받고 반응한다면 감정이 있다고 할 수 있는 거예요. 그 과정에서 어떤 일이 일어나는지는 중요하지 않아요. 만약 인간의 감정을 완벽하게 똑같이 따라하는 인공 지능을 만들 수 있다면 인공 지능도 감정을 가질 수 있겠지요.

　그럼, 인공 지능 로봇이 인간과 같은 감정을 느끼려면 어떻게 해야 할까요? 아마도 어떤 자극에 대해 똑같이 반응하도록 만들면 될 거예요. 인간이 느끼는 감정을 똑같이 만들기 위해서는 인간이 보고, 듣고, 느끼는 모든 자극을 그대로 흉내 낼 수 있어야 해요. 하지만 인간의 감각 기관과 똑같은 센서를 만드는 일은 무척 어려운 일이에요. 예를 들어 인공 지능에게 사랑을 할 때의 느낌을 학습시킬 수는 있겠지만 누군가를 사랑할 때 심장이 빨리 뛰는 느낌을 전달할 수 있을까요? 인공 지능이 인간과 똑같은 반응을 보인다고 해서 모든 감각까지

인간과 같다고 말하기는 어려워요.

    인간의 감정은 참으로 다양하지요. 행복, 즐거움, 공포, 슬픔, 불안, 분노······. 감정은 본능이 우리에게 알려 주는 신호라고 할 수 있어요. 특히 공포 같은 감정은 인간이 스스로를 지키기 위한 본능의 결과라고 할 수 있지요. 어두운 길을 걸을 때 공포를 느끼는 것도 갑자기 공격을 받을 수 있다는 경고와 마찬

가지예요. 나쁜 사람을 보면 분노하는 감정은 그 사람에게 맞서서 싸울 수 있는 강한 동기가 되어 주지요.

그래서 인공 지능은 감정을 가질 필요가 없다고 생각하는 사람들도 있어요. 만약 정글을 연구해야 하는 인공 지능 로봇이 인간처럼 독이 있는 뱀이나 무서운 맹수를 보고 두려워하는 감정을 느낀다면 정글을 연구하는 데 방해가 될 거예요. 지구를 지키는 인공 지능 로봇이 총에 맞는 것을 두려워하면 지구를 지킬 수 없겠죠.

그렇더라도 인공 지능 로봇이 인간과 소통하고 협력하기 위해 감정을 배울 필요는 있어요. 인간의 감정을 파악하여 인공 지능 로봇이 인간에게 도움을 주는 행동을 하게 만드는 거죠. 예를 들어 자율 주행차가 길을 건너는 사람을 발견했을 때, 차를 멈추겠다는 신호를 보내서 인간을 안심시킬 수 있어요. 인공 지능 로봇이 인간에게 도움을 받았을 때 고맙다는 인사를 하는 것도 필요해요.

아직까지 인간과 똑같은 감정을 가진 인공 지능 로봇은 없어요. 인간의 기분을 파악하여 간단한 이야기를 나눌 수 있는 인공 지능 로봇은 있지만요. 정확하게 말하면 인공 지능 로봇의 감정은 인간이 만든 감정을 파악할 수 있는 프로그램이에요.

지금까지 인간의 감정을 가장 많이 흉내 낸 인공 지능 로봇은 2014년에 일본의 컴퓨터 회사인 소프트뱅크가 개발한 '페퍼'예요. 페퍼는 시각, 청각, 촉각을 느낄 수 있는 센서 등을 통해 사람의 감정, 표정, 목소리를 파악해요. 또한 말과 글의 내용을 파악하여 말과 글에 실린 감정을 파악하기도 해요. 소프트뱅크는 페퍼를 발표하면서 "역사상 처음으로 사람의 감정을 집어넣은 페퍼는 다양한 장소에서 사람들과 함께 살아갈 것"이라고 말했어요. 지금 페퍼는 커피숍,

통신사 매장, 대형 병원 등에서 일하고 있어요.

앞으로 인공 지능은 더욱 발전하여 사람의 목소리, 표정, 행동, 말과 글 등을 통해 좀 더 정교하게 인간의 감정을 파악할 수 있게 될 거예요. 전문가들은 사람의 감정을 더욱 정교하게 인식하는 인공 지능 로봇이 개발될 거라고 해요. 아직은 인공 지능 로봇이 언제쯤 사람처럼 스스로 감정을 느낄 수 있을 정도로 발전할 수 있을지 정확하게 예측할 수 없어요. 하지만 감정을 가진 인공 지능과 인간이 어울려 살아갈 세상에 대한 고민은 지금부터 시작해야 한답니다.

인공 지능이 인간보다 뛰어날까?

    2016년 3월 9일, 이세돌 9단이 첫 번째 바둑 대결에서 알파고에 패배를 선언했어요. 그러자 수많은 사람이 실망하고 인공 지능에 큰 두려움을 느꼈어요. 어떤 사람은 "인간이 인공 지능에게 무너졌다."고 말할 정도였지요. 하지만 이 대결의 진짜 승리자는 인공 지능인 알파고가 아니에요. 수년간 밤을 새우며 알파고를 개발한 구글 딥마인드 개발 팀이 진짜 승리자이지요. 이날 구글 딥마인

드 개발 팀의 연구자들은 둥글게 어깨동무를 하고는 "우리가 해냈다."며 아이들처럼 좋아했어요. 이세돌 9단과 알파고의 대결은 인간과 인공 지능의 대결이 아닌 바둑 분야에서 가장 뛰어난 한 명의 인간과 그의 천재적인 재능에 도전하는 여러 인간의 대결로 볼 수 있지요.

가리 카스파로프와 체스 대결을 펼쳤던 아이비엠의 연구 팀도 대결을 앞두고 "체스판 위에서 가리 카스파로프와 딥블루가 대결하는 것은 체스 챔피언과 수학자, 전산학자, 공학자의 독창적 연구 결과가 대결을 벌이는 것이다. 인간과 인공 지능의 대결은 기계가 사고 능력이 있다는 것을 보여 주려는 것이 아니라 여러 명의 인간이 함께 만든 연구 결과가 가장 재능 있는 인간을 뛰어넘을 수 있다는 것을 보여 주려는 것이다."라고 말했어요. 결국 인공 지능의 승리가 아니라 인간의 승리라는 뜻이죠.

설령 인공 지능이 인간보다 바둑을 더 잘 둔다고 하더라도 실망할 일은 아니

에요. 여러분이 계산기와 계산 대결을 한다고 생각해 보세요. 대부분은 계산기를 이길 수 없을 거예요. 그런데 계산기가 인간보다 계산을 잘한다고 해서 계산기가 인간보다 뛰어나다고 할 수 있나요? 자동차와 인간이 달리기 대결을 한다면, 당연히 인간이 자동차를 따라갈 수 없을 거예요. 그렇다고 인간이 자동차에 패배한 것일까요? 그렇지 않아요. 계산기는 인간보다 계산을 잘하고, 자동차는 인간보다 빨리 달릴 수 있을 뿐이에요. 바둑도 마찬가지예요. 알파고가 이세돌 9단을 이겼다고 해서 인간보다 뛰어나다고 할 수는 없어요. 바둑을 잘 두는 인공 지능일 뿐이지요. 어느 한 분야의 능력이 인간보다 뛰어나다고 해서 인공 지능이 인간보다 뛰어나다고 할 수 없답니다.

인공 지능의 계산 능력은 지금보다도 훨씬 발전할 거예요. 사람들이 이세돌 9단의 패배에 크게 놀란 것은 인공 지능이 생각보다 빨리 인간을 따라잡았기 때문이에요. 이미 과학자들도 언젠가는 인공 지능이 바둑에서 인간을 이길 거라고 예측하고 있었어요.

비록 이세돌 9단이 알파고와의 대결에서 패배했지만 대결 과정에서 인간과 인공 지능의 차이를 확인할 수 있었어요. 바로 네 번째 바둑 대결에서였지요. 이세돌 9단이 전혀 예상하지 못한 곳에 바둑돌을 두자 알파고는 허둥지둥했어요. 알파고가 딥러닝을 통해 학습하는 능력을 보여 주었다면 이세돌 9단은 인간의 직관력을 통한 창의성을 보여 주었어요. 또한 흔들리지 않는 강인한 정신력을 보여 주며 사람들에게 감동을 전해 주었지요. 이를 통해 사람들은 인간과 인공 지능이 잘할 수 있는 일이 다르다는 것을 깨닫게 되었어요. 인공 지능이 잘할 수 있는 일은 인공 지능에게 맡기고, 인간이 잘할 수 있는 일은 인간이 맡는다면 사람과 인공 지능이 함께할 수 있는 사회를 만들 수 있을 거예요.

구글과 페이스북이 인공 지능 연구에서 앞서는 까닭은?

　알파고를 개발한 딥마인드는 영국에서 시작된 작은 벤처 회사였어요. 구글은 2014년에 약 5000억 원을 주고 딥마인드를 사들였어요. 당시 딥마인드는 정확하게 무슨 일을 하는지도 잘 알려져 있지 않았지만 구글은 딥마인드를 세운 데미스 하사비스의 능력을 높이 사 딥마인드에 엄청난 투자를 한 거예요. 데미스 하사비스는 영국의 체스 챔피언이었고, 뛰어난 게임 프로그래머였으며 컴퓨터 공학자이자 뇌 과학자예요. 구글은 데미스 하사비스가 개발한 알파고 덕분에 세계에서 가장 앞선 인공 지능 회사라는 평가를 받게 되었지요.

　미국에서 가장 유명한 미디어 회사인 페이스북도 인공 지능에 많은 관심을 쏟고 있어요. 하루에도 수십 억 명의 사람들이 글과 사진, 동영상을 페이스북에 올려요. 페이스북은 인공 지능 연구 팀을 만들어 소셜 네트워크 서비스(SNS)를 기반으로 한 인공 지능을 개발하고 있지요. 2016년에 페이스북은 날씨를 알려 주는 챗봇인 판쵸를 발표했어요. 챗봇은 사용자와 로봇이 대화를 나누는 인공 지능이에요. 2017년에는 인공 지능 비서인 엠(M)을 선보였어요. 엠은 메신저에서 대화할 때 사용자에게 도움을 주지요.

　구글과 페이스북이 인공 지능을 개발하겠다고 나선 이유가 무엇일까요? 바로 데이터 때문이에요. 구글과 페이스북에는 어마어마한 양의 데이터가 쌓여 있어요. 알파고처럼 딥러닝을 기반으로 한 인공 지능을 만들기 위해서는 방대한 양의 데이터가 꼭 필요해요. 예를 들어 파리에 있는 에펠탑에 대해서 인공 지능에게 가르치려면 우선 수천 장이 넘는 에펠탑 사진을 찾아야 해요. 예전이라면 과학자들이 에펠탑에 관련된 사진을 일일이 찾아야 했지요. 그런데 구글과 페이스북에는 사용자들이 에펠탑에서 찍은 사진을 해시태그(#)를 달아서 잔뜩 올려두었어요. 사용자들이 이미 만들어 놓은 데이터가 충분한 거예요.

구글과 페이스북은 어마어마한 데이터 때문에 인공 지능을 연구하기 위한 가장 좋은 조건을 갖추고 있어요. 그 덕분에 구글과 페이스북은 더욱 치열해지고 있는 인공 지능 시장을 이끌 기업으로 발돋움하고 있어요. 여러분이 구글과 페이스북에 올린 사진 한 장이 여러분도 모르는 사이에 인공 지능 개발에 도움을 주고 있는 것이랍니다.

한눈에 살펴보는 세상을 바꾼 산업 혁명

산업 기술의 발전으로 사회와 경제가 크게 바뀐 사건을 산업 혁명이라고 해요. 18세기에 시작된 1차 산업 혁명, 19세기 말에서 20세기 초에 시작된 2차 산업 혁명, 그리고 지금은 3차 산업 혁명 시대예요. 앞으로 4차 산업 혁명 시대가 시작될 거예요. 산업 혁명의 진행 과정을 살펴보아요.

4차 산업 혁명 시대를 준비하자!

1차 산업 혁명

영국에서 제임스 와트가 증기 기관을 개량하면서 시작되었어요. 소규모 작업장에서 물건을 만들던 방식이 대규모 공장에서 기계로 물건을 만들게 되었으며 작업 방식도 분업으로 바뀌었지요. 이때 농업 중심의 사회에서 공업 중심의 산업 사회로 변화했으며 자본가가 등장했어요.

2차 산업 혁명

석유가 산업 연료로 쓰이기 시작했으며 산업 전기의 발전으로 공장에 전력이 보급되어 컨베이어 벨트를 이용한 대량 생산이 가능해졌어요. 산업의 중심이 면직물 공업 같은 경공업에서 강철 제조 기술, 화학 기술, 자동차 산업 같은 중화학 공업으로 바뀌게 되었어요.

3차 산업 혁명

컴퓨터와 인터넷 기반의 지식 정보 혁명으로 자동화 생산 시스템이 가능해졌고, 모든 것이 데이터화할 수 있는 '디지털 혁명'이 일어났어요. 이로 인해 지식 기반 사회가 되었어요. 3차 산업 혁명은 산업 개발로 인한 환경 문제 등을 해결하기 위한 노력도 함께하고 있어요.

4차 산업 혁명

인공 지능, 사물 인터넷, 빅데이터 등이 발전한 사회예요. 이런 기술을 바탕으로 모든 사람과 사물, 공간이 연결되게 될 거예요. 지금까지 기계가 인간의 '손'과 '발'이 하던 일을 대신했다면, 4차 산업 혁명 시대는 기계가 인간의 '두뇌'가 하던 일을 대신하는 시대라고 할 수 있어요.

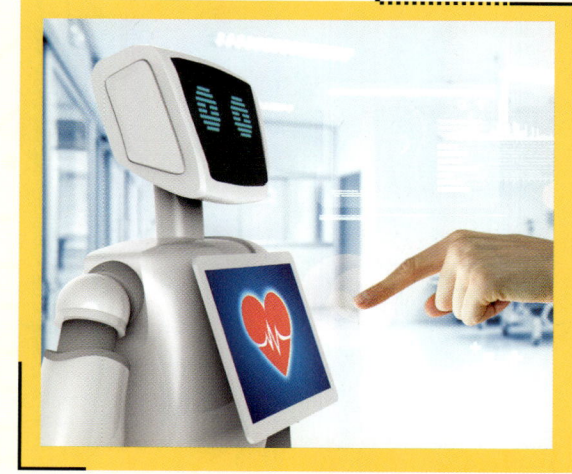

3장
인공 지능은 어디에 있나요?

스스로 달리는 자동차 시대가 곧 온다고?

 미래 세계를 그리는 영화를 보면 운전자 없이 달리는 자동차가 많이 나와요. 자동차 주인이 목적지만 알려 주면 자동차가 알아서 척척 목적지까지 데려다 주지요. 이렇게 운전하는 사람이 없어도 스스로 도로의 상황을 파악해 달리는 자동차를 '자율 주행차'라고 해요.

 우리도 이제 곧 자율 주행차를 탈 수 있을지 몰라요. 구글은 2009년부터 자율 주행차를 개발하여 도로를 달리는 실험을 계속하고 있어요. 지금은 구글뿐만 아니라 자동차 회사, 스마트폰 회사, 인터넷 회사들이 자율 주행차 개발에 뛰어들었지요.

 자율 주행차가 도로를 달리려면 어떤 기술이 필요할까요? 우선 지피에스(GPS)를 이용해서 현재의 위치와 목적지의 위치를 계속 비교해 가며 목적지를 향해 자동으로 핸들을 돌리는 기술이 필요해요. 또한 자율 주행차가 도로 상황을 정확하게 파악할 수 있는 기술도 필요하지요. 도로에서는 신호등과 도로 표지판의 지시를 따라야 할 뿐만 아니라 예상치 못한 상황도 벌어질 때가 있어요. 예를 들어 앞에서 달리던 자동차가 갑자기 설 수도 있고, 사람이나 동물이 도로로 뛰어들 수도 있지요. 그래서 레이더, 카메라, 레이저 스캐너 같은 첨단 센서 장비들이 필요해요. 첨단 센서 장치는 자율 주행차가 안전하게 도로를 달릴 수 있도록 도와준답니다.

자율 주행차는 사람이 운전하지 않는 대신 컴퓨터 프로그램이 운전해요. 자율 주행차를 운전하는 컴퓨터 프로그램은 센서 장치들을 통해 수집된 데이터를 분석하여 속도는 얼마를 내야 할지, 멈춰야 할지, 가야 할지, 방향을 어디로 돌려야 할지 등을 명령하지요. 사실 컴퓨터 프로그램이 스스로 길을 찾는 기술은 이미 여러 분야에서 이용되고 있어요. 비행기는 오래전부터 컴퓨터 프로그램이 운전하고 있어요. 오랜 시간을 가야 하는 비행기는 항로만 설정해 놓으면 이륙할 때와 착륙할 때를 빼고는 컴퓨터 프로그램이 알아서 비행기를 움직여요.

물론 예상치 못한 상황에서는 비행기 조종사가 직접 비행기를 움직이도록 하고 있지요.

　사람이 운전하는 자동차에도 자율 주행차에 꼭 필요한 첨단 센서 기능을 도입하고 있어요. 예를 들어 레이저를 쏘아 앞차와 뒤차의 거리를 측정하여 안전 거리를 알려 주는 기능, 주변 차량이 갑자기 멈추려고 할 때나 앞차와 뒤차의 거리가 급속도로 가까워지려고 할 때 자동차 스스로 속도를 늦추는 기능 등이에요. 사람이 안전하게 운전할 수 있도록 도와주는 거지요.

　그런데 실제로 자율 주행차가 도로를 달리면 어떤 일이 일어날까요? 사람들이 운전을 하지 않아도 되기 때문에 시간을 절약할 수 있어요. 자동차를 타고 이동하면서도 일을 하거나 쉴 수도 있지요. 또한 운전을 못하는 사람도 다른 사람의 도움 없이 자동차를 이용할 수 있을 거예요. 어르신이나 장애인, 아이도 편리하게 자동차를 이용할 수 있지요.

　하지만 자율 주행차의 기술이 완벽하다고 해도 해결해야 할 점은 많아요. 가장 큰 문제는 '자율 주행차가 과연 안전한가?' 하는 문제예요. 예를 들어 자율 주행차의 프로그램에 오류가 생겨서 갑작스러운 사고가 일어날 수도 있어요.

또 나쁜 마음을 먹은 사람들이 자율 주행차의 컴퓨터 프로그램을 해킹해서 사고를 일으킬 수도 있지요.

하지만 자율 주행차를 개발하는 사람들은 자율 주행차보다 오히려 인간이 운전하는 자동차가 더 위험하다고 생각해요. 실제로 교통사고는 운전하는 사람이 과속을 하거나 교통 신호를 지키지 않거나 술을 마시고 운전하거나 졸면서 운전할 때 일어나는 경우가 대부분이에요.

또 다른 문제는 '자율 주행차가 사고를 일으켰을 때 누가 책임질 것인가?' 하는 거예요. 자동차 주인의 책임인지, 자동차를 만든 회사의 책임인지 가리기가 어려운 부분이 있어요. 이러한 부분들은 자율 주행차가 세상에 나오기 전에 해결해야 할 숙제들이랍니다.

사람과 감정을 나누는 인공 지능, 나딘

여러분은 '로봇' 하면 어떤 모습이 떠오르나요? 아마도 딱딱한 금속으로 된 차가운 기계를 떠올리는 사람이 많을 거예요. 그런데 2016년 3월, 싱가포르의 난양 기술 대학에서는 사람과 거의 똑같이 생긴 '나딘'이라는 인공 지능 로봇을 발표했어요. 나딘은 겉모습만 사람을 닮은 것이 아니에요. 표정을 사람처럼 지을 수 있어요. 멀리서 보면 사람으로 착각할 정도지요. 나딘의 모습은 나딘을 개발한 나디아 툴만 소장을 닮았어요. 나딘의 이름도 나디아에서 따온 거랍니다.

나딘은 사람처럼 감정을 표현할 수 있어요.

나는 나딘이에요.

나딘이 특별한 이유는 사람과 이야기를 나누면서 감정을 표현할 수 있다는 점이에요. 사람과 사람이 대화를 할 때는 단순히 정보만 주고받지 않아요. 자신의 감정도 표현하지요. 나딘은 사람처럼 자신의 감정을 나타내기도 하고 예전에 나누었던 대화를 기억하기도 해요. 또한 이야기를 나누는 사람의 눈을 보고 미소를 지을 수도 있고, 악수를 하기도 해요. 이야기를 나누는 사람의 성격과 나이에 맞는 대화를 나눌 수 있어요.

다음은 나딘이 뉴욕 대학에서 사람과 나눈 대화예요.

사람: 어느 나라 사람이에요?
나딘: 전 특정한 국적이 없어요. 전 세계인입니다.
사람: (나딘의 반응에 놀라서) 오, 놀랍네요.
나딘: 네, 저도 놀랍네요.

나딘이 다른 사람과 나눈 대화를 더 들어볼까요?

사람: 너, 꼴불견이다.
나딘: 아니, 당신이 그렇죠.
사람: 너 싫어.
나딘: 당신과 이야기하기 싫어요.
사람: 알았어, 안녕.
나딘: 더 이상 말하지 마세요.

나딘은 이처럼 자신의 감정을 자연스럽게 이야기하고, 이야기를 나누는 사람의 성격에 맞춰서 대화의 내용과 표현도 달라져요. 사람들과 대화를 주고받으면서 어휘력이 늘고 지식도 많아지지요. 나딘은 상대방의 성격이 명랑한지,

조용한지, 부드러운지 등을 파악하여 이에 맞게 대화를 이끌어 나가요. 그래서 지금까지 개발된 인공 지능 로봇 가운데 나딘이 사람과 가장 비슷하다고 평가받기도 한답니다.

앞으로 연구자들은 나딘이 단순한 로봇이 아니라 치매나 자폐증을 앓는 사람, 외로운 어르신과 혼자 있는 아이들에게 좋은 친구가 될 수 있을 거라고 기대하고 있어요. 나딘이 친구처럼, 보호자처럼 외로운 사람들의 이야기를 들어 주고 마음을 다독이는 등 감정을 주고받을 수 있기 때문이에요. 치매나 자폐증을 가진 사람들은 혼자 있으면 점점 더 상태가 나빠질 수 있어요. 게다가 위험한 일도 많이 생길 수 있지요. 나딘은 치매나 자폐증이 더 나빠지지 않도록 도와줄 수 있을 거예요. 나딘을 연구하는 과학자들은 나딘의 목소리와 움직임을 더 자연스럽게 만들기 위해 지금도 노력하고 있어요.

대학 교수를 돕는 인공 지능 조교, 질 왓슨

  2016년 1월, 미국 조지아 공과 대학에서 컴퓨터 공학을 가르치는 아쇽 고엘 교수는 온라인 수업을 시작했어요. 고엘 교수의 수업을 듣는 학생은 300명이 넘었지요. 그러다 보니 수업에 대한 질문도 꽤 많이 올라왔어요. 학생들의 질문은 조교들이 답변을 했어요. 조교는 교수를 도와주는 일을 하는 사람으로, 대학원 학생들이 하는 경우가 많지요.

  한 학기 동안 조교들에게 쏟아지는 질문의 수는 만 개나 되었어요. 대부분의 질문은 "숙제를 언제까지 제출해야 하나요?", "자료는 어디에서 찾을 수 있나요?"와 같은 단순한 것들이었어요. 하지만 질문 수가 워낙 많다 보니 조교들은 일일이 학생들에게 답변을 해 주는 것이 힘들었어요. 게다가 시간도 많이 걸렸죠.

  고엘 교수는 새로운 실험을 해 보기로 했어요. '인공 지능 조교'를 만들기로 한 거예요. 그래서 만든 인공 지능이 '질 왓슨'이에요. 질 왓슨은 아이비엠이 개발한 퀴즈 인공 지능인 왓슨을 바탕으로 개발됐어요.

  인공 지능 질 왓슨은 8명의 조교들과 함께 인터넷 게시판에 한 학기 동안 올라온 질문에 답을 하고, 숙제를 제출할 날짜를 알려 주고, 토론 주제를 내주고, 간단한 시험도 보았어요. 질 왓슨은 인터넷 게시판에 올라온 질문 가운데 40퍼센트 정도의 질문에 대답을 했어요. 사람이라면 시간에 쫓기기도 하고, 고민하는 데 시간이 필요했겠지만 인공 지능인 질 왓슨은 아주 신속하고 친절했어요.

질문을 잘못 이해하거나 틀린 대답을 하는 경우도 거의 없었어요. 고엘 교수가 처음부터 질 왓슨에게 97퍼센트 이상 확실할 때만 질문에 대답하도록 했기 때문이에요.

놀라운 사실은 거의 모든 학생이 질 왓슨이 인공 지능이라는 것을 한 달 넘게 눈치채지 못했다는 점이에요. 질 왓슨의 대답이 진짜 자연스러웠거든요. 학생들은 질 왓슨을 박사 과정에서 공부하는 20대 백인 여성이라고 생각했다고 해요. 고엘 교수의 실험이 성공을 거둔 거예요. 고엘 교수는 질 왓슨을 발전시켜 학교 운영에 이용할 수 있도록 연구를 계속하겠다고 밝혔어요.

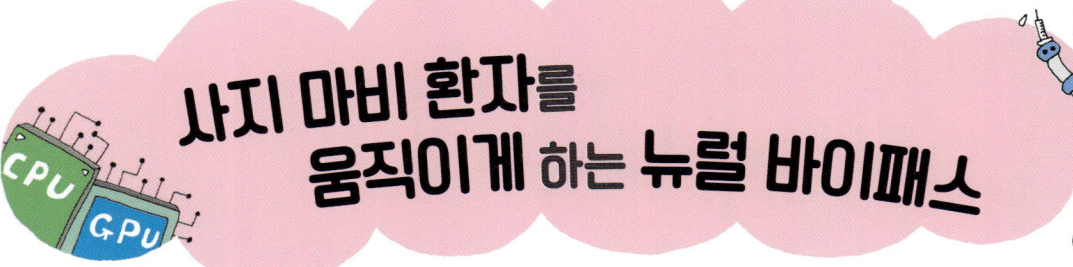

사지 마비 환자를 움직이게 하는 뉴럴 바이패스

　미국 오하이오 주에서 살던 이안 버크하트는 열아홉 살에 목이 부러지는 큰 사고를 겪었어요. 그때 척추 안에 있는 척수가 손상되어 손과 발을 움직일 수 없게 되었죠. 척수가 손상되면 뇌와 근육을 연결하는 신경이 끊겨 뇌에서 근육을 움직이라는 명령을 내려도 근육까지 전달되지 않아요. 이안 버크하트처럼 예상치 못한 사고로 척수가 손상되어 사지 마비가 되는 환자는 생각보다 많아요. 하지만 뾰족한 치료 방법은 없었지요.

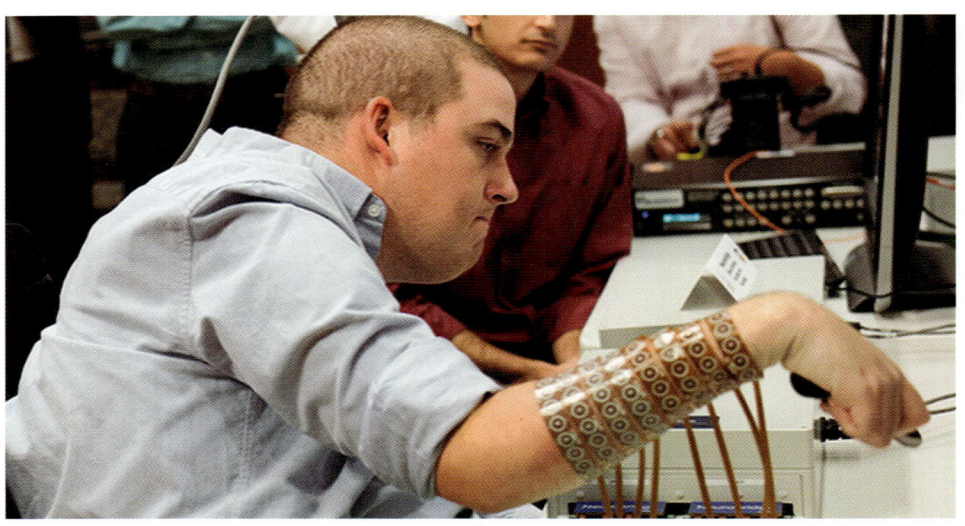

손을 움직이는 사지 마비 환자, 이안 버크하트
척수 손상으로 손발을 움직일 수 없었던 이안 버크하트가 인공 지능의 도움을 받아 스스로 물건을 집어들 수 있게 됐어요.

　그런데 2016년에 놀라운 영상이 공개되었어요. 이안 버크하트가 로봇 팔 같은 기기의 도움을 받지 않고 오른손으로 물병을 잡고, 컵에 물을 붓는 장면이 공개된 것이죠. 이뿐만 아니라 이안 버크하트는 전자 기타를 연주하고, 물병에 담긴 물을 컵에 부어 막대로 젓는 모습도 보여 주었어요. 어떻게 된 일일까요?
　미국의 파인스타인 의학 연구소 신경 기술 분석단이 인공 지능을 이용해 신경 세포를 연구한 덕분이었어요. 이 연구소는 이안 버크하트의 뇌 속에 신경 세포 신호를 읽을 수 있는 전극을 심어 넣고 손목에는 전극 패치를 붙인 뒤 전선으로 둘을 이었어요. 연구소는 이 장치의 이름을 '뉴럴 바이패스'라고 불렀지요.

뉴럴 바이패스를 우리말로는 '신경 우회'라고 해요. 신경 세포를 다른 길로 돌아가게 한다는 뜻이에요.

뉴럴 바이패스는 신경 세포가 내리는 명령을 인공 지능 기술인 '기계 학습'을 통해 읽어 내는 특징을 가지고 있어요. 예를 들어, 이안 버크하트가 '앞에 있는 컵을 쥐어야지.' 하고 생각하면, 뇌에 심어 놓은 칩이 그의 생각을 읽어요. 뉴럴 바이패스는 이 생각을 '컵을 쥐고자 한다.'는 신호로 해석하고 손목에 붙인 패치로 전달해요. 그러면 손목에 붙여 놓은 패치가 이안 버크하트의 팔 근육을 자극해 컵을 잡을 수 있게 하지요. 컴퓨터에 연결되어 있는 패치가 보낸 신호를 인공 지능이 스스로 축적하고 학습하여 어떤 신경 신호가 손을 움직이라는 명령인지 알아낸 거예요.

인간의 뇌에는 약 1000억 개의 신경 세포가 있지만, 지금은 그중 아주 적은 부분만 분석할 수 있어요. 앞으로 더 많은 신경 세포를 분석하고 이해하면 사지 마비 환자들이 좀 더 복잡한 동작을 해낼 수 있을 거예요. 이런 신경을 분석하는 작업에는 딥러닝 같은 인공 지능 기술이 꼭 필요하지요.

물론 뉴럴 바이패스로 척수가 손상된 환자를 완전히 치료할 수는 없어요. 그렇지만 컴퓨터와 이어져 있는 동안에는 사지 마비 환자가 손이나 발을 움직일 수 있게 만들 수는 있어요. 연구소는 뉴럴 바이패스 기술을 더 발전시켜 척수가 손상된 환자들이 10년 후에는 실생활에서 뉴럴 바이패스를 이용할 수 있도록 만들겠다고 밝혔어요. 또한 앞으로는 척수가 손상된 환자뿐만 아니라 뇌 손상을 입은 경우도 신경을 우회해서 근육을 움직여 일상생활을 할 수 있도록 하는 방법을 연구할 거라고 해요.

재산을 관리해 주는 로보 어드바이저

여러분은 혹시 주식 투자라는 말을 들어본 적이 있나요? 주식은 주식회사에서 회사를 운영하는 데 필요한 돈을 마련할 때 돈을 투자한 사람에게 나누어 주는 증표예요. 주식을 가진 사람은 대부분 주식을 사고팔면서 이익을 얻으려고 해요. 주식의 가격이 오르면 이득을 보고, 주식의 가격이 떨어지면 손해를 보거든요. 그래서 주식으로 큰돈을 번 사람도 있지만 큰돈을 잃은 사람도 많아요.

예전에는 투자가가 재산을 늘리려면 증권사나 은행 같은 투자 전문 회사의 도움을 받아야 했어요. 지금은 컴퓨터와 스마트폰이 발전하면서 투자자가 직접 주식, 예금 등을 편하게 관리할 수 있지요. 그만큼 투자를 잘못해서 재산을 잃는 경우도 많아졌어요. 그래서 안전하게 투자할 수 있도록 도와주는 인공 지능이 만들어졌어요. 바로 '로보 어드바이저'예요. '로봇'과 조언을 해 주는 사람을 뜻하는 '어드바이저'를 합친 말이지요.

로보 어드바이저는 투자하려는 사람이 원하는 목표를 정확하게 분석해서 그에 알맞은 투자를 하는 인공 지능이에요. 투자자를 대신해서 주식 종목이나 금융 상품을 추천하고 관리해 주지요. 그런데 투자자들의 목표는 똑같지 않아요. 어떤 사람은 조금씩이라도 오래 수익을 얻는 것이 중요하고, 어떤 사람은 짧은 기간 안에 큰돈을 마련하는 것이 중요할 수 있거든요. 로보 어드바이저는 투자하는 사람의 상황에 알맞은 투자를 해 주도록 설계돼 있어요.

로보 어드바이저의 최대 장점은 두려움과 탐욕이 없다는 거예요. 사람은 큰돈을 벌겠다는 욕심에 조급하게 결정하고 위험한 투자를 하기도 해요. 또 때로는 두려움과 걱정이 앞서 손해를 보기도 하지요.

이에 비해 로보 어드바이저는 감정에 흔들리지 않고 철저하게 데이터를 분석해서 투자하기 때문에 실수를 줄일 수 있어요. 또한 로보 어드바이저를 이용하면 수수료가 적다는 이점이 있어요. 증권사나 투자 전문 회사의 도움을 받으면 적지 않은 수수료를 내야 하지요. 아직까지는 로보 어드바이저가 투자하여 벌어들인 이익이 큰 편은 아니에요. 하지만 로보 어드바이저를 이용해 재산을 관리하는 사람은 점점 늘어나고 있어요.

인공 지능이 기사를 쓴다고?

5 : 4로 두산 승리

두산은 6일 열린 홈경기에서 LG를 5-4, 1점차로 간신히 꺾으며 안방에서 승리했다. 두산은 니퍼트를 선발로 등판시켰고 LG는 임정우가 나섰다. 팽팽했던 승부는 5회말 2아웃에 타석에 들어선 홍성흔에 의해 갈렸다. 홍성흔은 LG 유원상을 상대로 적시타를 터뜨리며 홈으로 주자를 불러들였다. 홍성흔이 만든 2점은 그대로 결승점이 되었다. 두산은 9회에 LG 타선을 맞이해 2점을 실점했지만 최종 스코어 5-4로 두산의 승리를 지켜냈다.

인공 지능 뭐해요?

기사를 쓰고 있어요.

이 기사는 두산과 엘지의 야구 경기에 대한 평범한 스포츠 뉴스 기사로 보이지만, 사실 아주 특별한 기사예요. 바로 인공 지능 로봇이 쓴 기사거든요. 2015년에 한국언론진흥재단에서는 이 기사를 누가 썼다고 생각하는지 인터넷을 통해 사람들에게 물어봤어요. 그런데 기자가 아닌 사람들은 81.4퍼센트나 이 기사를 사람이 썼다고 대답했어요. 기자들도 74퍼센트 정도가 사람이 썼다고 대답했지요. 인공 지능이 쓴 기사가 사람이 쓴 기사와 구분이 안 될 정도로 잘 쓴 거예요.

인공 지능 로봇 기자는 직접 사건을 취재할 수도 없는데, 어떻게 기사를 쓸 수 있을까요? 인공 지능이 기사를 쓰려면 가장 먼저 필요한 정보를 모아야 해요. 정보가 모이면 그중 의미 있고 가치가 있는 중요한 정보를 찾아내지요. 그런 다음, 사건의 맥락을 파악하고 기사를 어떻게 쓸 것인지 정해요. 이렇게 정보를 모으고 중요한 정보를 바탕으로 기사 방향을 정한 다음, 단어를 늘어놓고 자연스럽게 글을 다듬어서 기사를 완성하는 거예요.

인공 지능 기자들은 정해진 정보만 수집해서, 정해진 양식대로 기사를 작성해요. 그래서 매우 빠른 속도로 기사를 작성할 수 있지요. 단순한 사실을 전달하는 기사를 작성하는 능력과 속도는 이미 사람 기자를 앞질렀다고 볼 수 있어요. 지금까지 인공 지능 로봇 기자는 지진, 스포츠, 주식, 날씨처럼 정보가 정확한 것들에 관한 기사를 작성하고 있어요. 우리나라도 야구와 증권 기사를 쓰는 인공 지능 로봇 기자가 있지요.

미국 시카고에 있는 신문사인 《시카고 트리뷴》은 2012년부터 인공 지능 로봇 기자가 쓴 뉴스를 제공하는 '저너틱'이란 회사에서 기사를 받아 신문에 게재하기 시작했어요. 저너틱에서 개발한 인공 지능 로봇 기자는 한 달 동안

1만 5000건의 기사를 작성하는데, 기사 한 건을 쓰는 데 1초도 걸리지 않는다고 해요.

미국의 《엘에이 타임스》는 지진 전문 인공 지능 로봇 기자인 '퀘이크봇'이 작성한 지진 기사를 내보내고 있어요. 퀘이크봇은 진도 3.0 이상의 지진이 발생하면 자동으로 기사를 작성해요. 2014년에 로스앤젤레스에서 일어난 지진 소식을 퀘이크봇이 작성하여 내보내는 데 약 8분밖에 걸리지 않았다고 해요.

지금 전 세계에서 가장 많은 기사를 쓰는 인공 지능 로봇 기자는 '워드스미스'예요. 워드스미스는 일 년에 수십 억 개의 기사를 작성하고 있어요. 날씨, 스포츠, 주식, 자동차 등 분야도 다양하지요. 게다가 워드스미스는 단순한 기사만 쓰지 않아요. 정보를 모으고 그 정보를 분석할 수 있지요. 또한 어떤 기사가 사람들의 관심을 끌 수 있는지 예측할 수도 있답니다.

사람들은 인공 지능 로봇 기자들이 사람 기자들의 일자리를 뺏을 수 있다고 생각해요. 하지만 인공 지능 로봇 기자가 할 수 없는 일도 많아요. 자신의 주장이나 비판을 담은 기사를 쓸 수 없어요. 아직까지는 인공 지능 로봇 기자들의 기사는 사실 위주의 기사들을 빠르게 전달하는 정도예요. 인공 지능 로봇 기자들은 사고가 일어난 현장을 찾아가 취재를 할 수도 없어요. 인터넷에 올라온 정보를 모아서 기사를 쓸 뿐이지요. 당분간 인공 지능 로봇 기자가 사람 기자의 일자리를 쉽게 뺏을 수는 없을 거예요. 오히려 인공 지능 로봇 기자가 사람 기자들의 일을 도와주고 있지요.

2016년, 리우 올림픽 기간에 《워싱턴 포스트》는 경기 결과를 전하는 기사는 인공 지능 로봇 기자인 '헬리오그래프'에게, 경기 분석 기사는 사람 기자들에게 쓰도록 했어요. 실제 올림픽이나 월드컵에는 엄청나게 많은 기자가 경기 결과를 하나하나 확인하고 챙겨야 해요. 그런데 인공 지능 로봇 기자는 매우 빠른 속도로 기사를 작성하여 내보낼 수 있지요. 덕분에 사람 기자들은 단순한 경기 결과를 쓰는 시간을 절약할 수 있게 되었어요. 그리고 인공 지능 로봇 기자들을 활용하여 기자들이 좀 더 분석적이고 개성 있는 기사를 쓸 수 있게 되었답니다.

인공 지능이 예술 작품을 그린다고?

고양이 사진을 피카소 화풍으로 그려 봤어.

    위의 고양이 그림은 어떤 화가가 그린 걸까요? 사실 이 그림은 인공 지능이 그린 거예요. 예전에는 인공 지능이 예술가들의 창의성이나 예술성은 결코 흉내 낼 수 없다고 생각했어요. 하지만 최근에는 예술가 못지않은 실력을 뽐내는 인공 지능 화가들이 등장하고 있지요. 그림을 그리는 인공 지능은 독일의 튀빙겐 대학교에서 개발했어요. 튀빙겐 대학교에서 개발한 인공 지능은 평범한 사진을 고흐, 피카소, 뭉크, 터너 같은 위대한 화가가 그린 것처럼 만들어 주어요.
    인공 지능이 어떻게 화가처럼 멋진 그림을 그릴 수 있게 된 것일까요? 바로 인공 신경망을 이용한 딥러닝 기술 덕분이에요. 과학자들은 인공 지능에게 고흐, 피카소 같은 화가의 그림을 학습하게 했어요. 그림을 학습하는 데는 '컴퓨터 비전'이라는 기술을 이용해요. 컴퓨터 비전은 카메라나 스캐너 등을 통해 입력받은 사진을 이용해 이미지를 분석하는 기술로, 인공 지능이 우리 눈처럼 사람과 사물의 모습을 구별할 수 있도록 해 주지요. 예전에는 인공 지능이 사진을 보고 사물들을 구별하는 것이 매우 어려운 일이었어요. 심지어 고양이 사진과 개의 사진도 구별할 수 없었지요. 하지만 데이터에 고양이 사진이 쌓이면서 딥러닝 기술로 고양이의 특징을 정확하게 인식할 수 있게 되었어요.

인공 지능 화가가 피카소가 그린 것처럼 고양이를 그리려면 고양이 사진과 피카소의 작품 사진이 필요해요. 인공 지능 화가는 피카소가 그린 그림의 특징을 딥러닝으로 학습하고, 고양이가 어떤 자세를 하고 있는지, 고양이 눈은 어떤 모습인지 등도 파악하지요.

마지막으로 고양이의 모습을 살리면서 피카소가

그린 것처럼 그림을 그려서 완성하지요. 이때 진짜 피카소가 그린 것처럼 보이도록 할지, 고양이 사진의 특징을 더 살릴 것인지를 결정할 수 있어요. 또 인공 지능에게 피카소와 고흐의 특징을 동시에 배우게 한 뒤에 그림을 그리게 하면 피카소와 고흐가 함께 그린 그림처럼 보일 수도 있지요.

2014년에 구글에서는 '딥드림'이라는 그림을 그리는 인공 지능을 발표했어요. 딥드림이 그린 그림도 컴퓨터 비전 기술을 이용한 거예요. 구글이 가지고 있는 이미지와 사용자가 올린 이미지를 합쳐서 추상화를 그려 내지요. 딥드림

'딥드림'이라는 인공 지능을 이용해서 풍경 사진을 그림으로 표현해 봤어.

이 그린 추상화는 마치 꿈꾸는 것 같은 느낌이 들어요. 2016년에 구글에서는 딥드림이 그린 추상화를 모아 전시회를 열고 그림을 팔았어요. 어떤 그림은 예술성을 인정받아 비싼 가격에 팔리기도 했지요.

구글이 만든 딥드림 말고도 인공 지능 화가들이 더 있어요. 2016년에는 마이크로소프트사와 렘브란트 미술관, 네덜란드의 과학자들이 힘을 합해 렘브란트가 그린 것처럼 그림을 그려 주는 인공 지능을 개발했어요. 이 인공 지능의 이름은 '더 넥스트 렘브란트'예요. 더 넥스트 렘브란트는 딥러닝 기술을 이용해 렘브란트의 작품을 분석하고 학습하여 사용자가 올린 이미지를 렘브란트가 그린 것 같은 느낌으로 그려 줘요. 렘브란트가 자주 사용한 구도, 색채, 유화의 질감까지 살려 그림을 그린답니다.

영국의 화가 겸 컴퓨터 프로그래머인 헤럴드 코언은 인공 지능 화가인 '아론'을 개발했어요. 아론은 사람의 도움 없이 스스로 색과 형체를 선택해 그림을 그려요. 사진을 합성하는 것이 아니라 그리고자 하는 대상의 실제 정보를 바탕으로 사람 화가가 그리는 것처럼 새로운 형태의 그림을 그릴 수 있지요.

앞으로 인공 지능 화가들의 활동은 점점 많아질 거예요. 물론 인공 지능 화가는 사람 화가처럼 스스로 모든 것을 판단하지는 않아요. 아직은 기존의 스타일을 모방하는 단계라 사람이 결정해야 할 일이 많지요. 하지만 앞으로 인공 지능 화가가 사람 화가처럼 스스로 소재를 선택해서 그림을 그릴 수 있을지도 몰라요.

사람들은 앞으로 예술가들이 설 자리가 없을지도 모른다는 불안감에 떨기도 해요. 하지만 사진이 발명된 이후에 예술가들이 사진을 이용해 더 훌륭한 작품을 만들고 있듯이 인공 지능을 이용해서도 더 뛰어난 작품을 만들 수 있을 거예요.

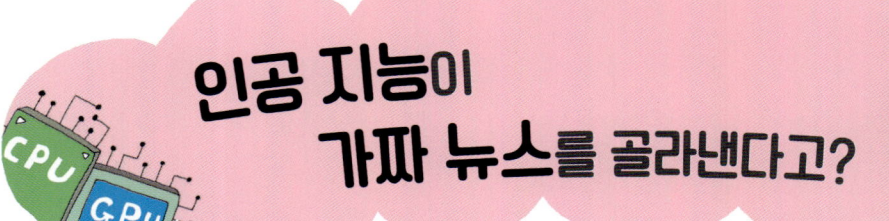

인공 지능이 가짜 뉴스를 골라낸다고?

2017년에 있었던 우리나라 대통령 선거에서는 가짜 뉴스가 넘쳐났어요. 카카오톡 같은 소셜 네트워크 서비스(SNS)를 통해 가짜 뉴스가 빠르게 퍼지면서 사람들에게 혼란을 주었지요. 가짜 뉴스는 거짓 내용을 진짜 뉴스처럼 교묘하게 만들어 사람들에게 퍼뜨리는 소식이에요. 진짜 정보에 가짜 정보를 교묘하게 섞었기 때문에 사람들이 쉽게 속지요.

신문사와 방송사에서는 가짜 뉴스를 골라내고 정확한 정보를 사람들에게 전달하기 위해 '팩트 체크'를 해요. 영어로 '팩트(fact)'는 '사실'을, '체크(check)'는 '확인'을 뜻해요. 지금까지 팩트 체크는 전문가나 기자들이 했어요. 하지만 적은 수의 사람이 엄청나게 쏟아지는 뉴스를 모두 검토할 수는 없어요. 그래서 뉴스가 참말인지 거짓말인지 알아내는 인공 지능이 개발되었어요.

2017년에 미국의 텍사스 대학교와 미시시피 대학교 연구 팀이 인공 지능 '클레임버스터'를 발표했어요. 클레임버스터는 문장을 입력하면 0.0에서 1.0 사이의 숫자로 신뢰도를 표시하는데, 점수가 높을수록 팩트 체크가 필요하다는 뜻이에요. 연구 팀은 클레임버스터를 개발할 때 알파고가 바둑을 학습한 방법을 이용했어요. 클레임버스터 스스로 가짜 뉴스를 골라낼 수 있는 방법을 학습하도록 한 거예요. 먼저 정치인들이 과거에 발표한 2만 개의 문장을 보고, 정치 전문가들이 신뢰도를 평가한 자료를 클레임버스터에게 학습시켰어요. 그다음

　클레임버스터는 정치인의 주장을 검증하기 위해 의회 회의록처럼 믿을 만한 곳에서 수집한 정보를 바탕으로 팩트 체크를 했어요. 현재 클레임버스터는 약 79퍼센트의 정확도로 팩트 체크가 필요한 문장을 구분한다고 해요. 구글에서는 '팩트체킹봇'이라는 정보 수집기를 통해 정확한 사실을 '지식 금고'라는 곳에 모으고 있어요. 이를 통해 신뢰도 높은 정보를 이용자들에게 제공하지요. 아직 우리나라에서는 팩트 체크를 하는 인공 지능이 개발되지 않았어요. 그대신 서울대학교 언론정보연구소에서 빅데이터를 바탕으로 팩트 체크를 하고 있어요.
　팩트 체크 인공 지능은 아직까지 완벽하지 않아요. 진짜 뉴스로 판명 났다고 해서 가짜 뉴스가 아니라고 확신할 수 없기 때문이에요. 진짜 뉴스도 상황에 따라 가짜 뉴스로 바뀔 수도 있어서 팩트 체크 인공 지능의 신뢰도를 더 높여야 하는 숙제가 남아 있지요.

한눈에 살펴보는 세계의 휴머노이드

로봇 중에는 인간과 비슷한 모습으로 만든 것이 있어요. 이런 로봇을 '휴머노이드'라고 해요. 인간이라는 뜻을 가진 '휴먼'과 비슷하다는 뜻을 가진 '오이드'가 합쳐진 말이지요. 우리나라와 다른 나라의 휴머노이드에 대해서 알아보아요.

인간과 비슷한 로봇은 무엇이 있을까?

아시모

2000년에 일본에서 개발된 휴머노이드예요. 세계 최초로 두 발로 걸을 수 있는 로봇이지요. 키 120cm, 무게 50kg으로, 약 30개의 호출 신호를 알아듣고 거기에 반응하며 사람의 얼굴이나 음성을 인식할 수 있어요. 처음에는 손과 발을 간신히 움직였는데, 지금은 계단이나 오르막도 자유롭게 다닐 수 있어요.

휴보

우리나라의 대표적인 휴머노이드로, 2004년에 개발되었어요. 키 120cm, 무게 55kg으로, 1분에 65걸음을 걸을 수 있어요. 소리를 듣고 사물을 구별할 수 있어 장애물을 피해 다닐 수 있어요. 또한 다섯 손가락을 따로 움직일 수 있고, 가위바위보를 할 수 있어요. 가벼운 춤까지 출 정도로 부드럽게 움직이지요.

페퍼

2014년에 일본에서 개발한 세계 최초의 감정 인식 휴머노이드예요. 키 120cm, 무게 28kg으로, 인간의 목소리를 알아듣고 감정을 이해해요. 다리는 없지만 팔과 손은 자유롭게 움직을 수 있어요. 영어, 일어, 프랑스어, 독일어, 스페인어를 포함한 19개 언어를 구사하지요. 페퍼는 커피숍이나 병원에서 고객들을 접대하는 일을 하고 있어요.

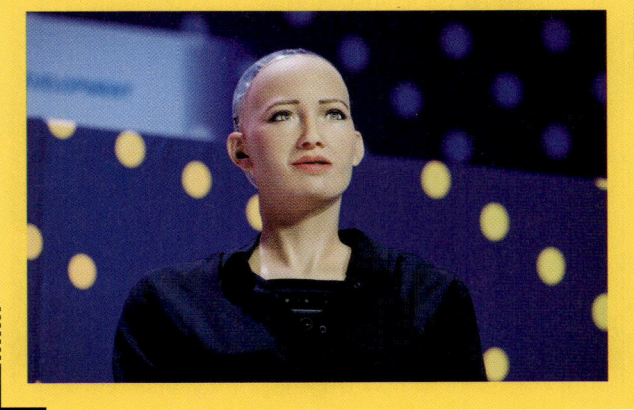

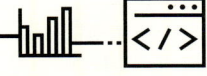

소피아

홍콩에 본사를 둔 핸슨 로보틱스가 2015년에 개발한 휴머노이드예요. 사람과 비슷한 모습으로 만들었어요. 피부도 인간의 피부와 비슷한 소재를 이용하여 60여 가지 감정을 표현하며 사람과 대화할 수 있어요. 2017년에 사우디아라비아로부터 로봇 최초로 시민권을 부여받아 화제가 됐어요. 2018년에는 우리나라를 찾아와서 연설을 하기도 했지요.

4장
인공 지능 시대를 맞이하는 우리의 고민

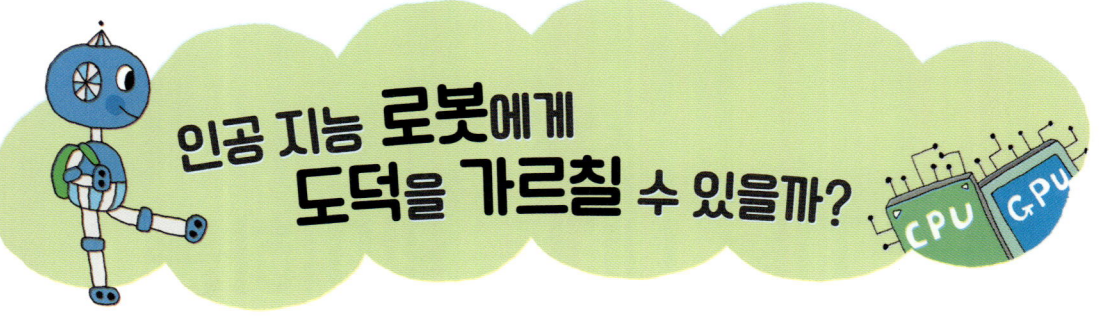

인공 지능 로봇에게 도덕을 가르칠 수 있을까?

 미래에는 인공 지능 로봇이 인간과 함께 생활하면서 인간이 시킨 일을 하게 될 때가 많을 거예요. 그런데 인공 지능 로봇이 인간의 명령을 따르는 과정에서 여러 가지 문제를 일으킬 수 있어요. 다음 상황을 살펴볼까요?

줄다리기에서 이기려고 반칙을 한 인공 지능 로봇

 2050년, 인공 지능 로봇이 한 반에 하나씩 들어왔어요. 미소네 반에도 인공 지능 로봇이 들어왔지요. 담임 선생님은 학생들과 인공 지능 로봇에게 "운동회 때 줄다리기에서 반드시 우승하세요."라고 말했어요. 미소네 반은 인공 지능 로봇과 함께 줄다리기 연습을 열심히 해서 줄다리기에서 우승을 차지했어요. 그런데 문제가 생겼어요. 인공 지능 로봇이 줄다리기에서 반칙을 한 것이 밝혀졌거든요. 줄다리기를 잘하는 반 아이들의 도시락에 배탈을 일으키는 약을 넣은 거예요. 인공 지능 로봇이 "줄다리기에서 반드시 우승하세요."라는 선생님의 말을 수행하기 위해서 반칙을 한 것이었지요. 담임 선생님이 '줄다리기에서 반드시 우승하세요.'라고 말한 것은 꼭 우승을 해야 한다는 뜻은 아니었어요. 학생들이 협동심을 배우기를 바란 것이었지요.

 인공 지능에게 기계 학습을 시킬 때에는 여러 가지 데이터만 알려 주고, '네가 알아서' 좋은 방법을 찾아보라는 명령을 내려요. 그러면 인공 지능은 명령에 따라 괜찮은 결과를 만들어 내야 해요. 하지만 괜찮은 결과가 꼭 옳은 결과가 아닐 수도 있어요. 미소네 반 인공 지능 로봇처럼 잘못된 결과를 내놓기도 하지요.

물론 인공 지능에게 도덕을 함께 가르쳐 주면 이런 문제를 막을 수 있을지도 몰라요. 그런데 무엇이 옳고 무엇이 잘못된 결과인지에 대한 기준을 어떻게 정해야 할까요? 모든 사람들이 만족할 수 있고, 인공 지능도 쉽게 이해할 수 있는 기준을 만드는 것은 쉽지 않아요. 그래서 인공 지능 시대를 연구하는 학자들은 결과만큼 과정이 중요한 일, 인간과 만나는 일이 많은 인공 지능 로봇은 개발하는 데 시간이 꽤 걸릴 것이라고 생각하고 있어요.

인공 지능 로봇이 지켜야 할 원칙은?

아이작 아시모프는 '공상 과학 소설(SF)의 아버지'라고 불리는 미국의 소설가예요. 아시모프는 로봇이 발달한 미래 사회 이야기를 즐겨 썼는데, 로봇이 꼭 지켜야 할 '로봇 3원칙'을 제시한 사람으로도 유명해요. '로봇 3원칙'은 1942년에 아시모프가 쓴 《런어라운드》라는 공상 과학 소설에 처음 제시됐어요. 로봇 3원칙은 다음과 같아요.

로봇 3원칙
제1원칙 로봇은 인간에게 해를 끼쳐서는 안 된다. 위험에 처한 인간을 무시해서도 안 된다.
제2원칙 제1원칙에 위배되지 않는 한, 로봇은 인간의 명령에 복종해야 한다.
제3원칙 제1원칙과 제2원칙에 위배되지 않는 한, 로봇은 로봇 자신을 지켜야 한다.

로봇 3원칙은 로봇이 인간에게 해를 끼쳐서는 안 되는 상황에서 로봇이 자기를 지켜야 하는 상황과 인간의 명령을 들어야 하는 상황에 부딪혔을 때 어느 것이 더 중요한지 규정하고 있어요. 사실 이 원칙은 허점이 많지만 생각해 볼 점도 있어요. 다음 상황을 살펴볼까요?

상황 1. 로봇이 무기인 줄 모르고 무기를 운송하면?

국제 테러 단체는 인공 지능 로봇에게 수많은 사람들이 모이는 공연장에 가서 폭탄을 터뜨리라고 명령했어요. 하지만 인공 지능 로봇은 '인간에게 해를 끼쳐서는 안 된다.'라는 제1원칙에 따라 이를 거부했어요. 테러범들은 로봇에게 폭탄이 든 상자를 평범한 상자처럼 만들어 옮기라고 명령했어요. 로봇은 삼엄한 공연장 안으로 무기 상자를 옮겼지요. 공연장 안에 있던 테러범들은 이 폭탄 상자를 받아서 공연장에서 터뜨렸고, 그 결과 수많은 사람이 목숨을 잃었어요. 그러면 로봇은 제1원칙을 어긴 것일까요? 어기지 않은 것일까요?

105

상황 2. 인간의 명령과 자기 방어권이 충돌하면?

지구에서 멀리 떨어진 작은 행성에 인간에게 아주 필요한 광물이 묻혀 있어요. 지구에서는 로봇을 보내 광물을 캐 오기로 결정했지요. 로봇은 '인간의 명령에 복종해야 한다.'는 제2원칙에 따라 행성에 도착했어요. 하지만 행성에는 로봇에게 해로운 물질이 가득했지요. 로봇은 '로봇은 로봇 자신을 지켜야 한다.'는 제3원칙에 따라 지구로 돌아왔어요. 하지만 지구에 돌아오자 다시 제2원칙을 지키기 위해 행성으로 떠나야 했어요. 행성에 도착하면 제3원칙을 지키기 위해 또다시 지구로 돌아와야 했지요. 이럴 경우 로봇은 어떻게 해야 할까요?

2007년 4월에 이탈리아 로마에서 열린 '국제 로봇 자동화 학회'에서는 로봇이 지켜야 할 윤리를 만드는 방법을 담은 책을 발간했어요. 이 책에는 로봇과 인간이 지켜야 하는 윤리에 관한 몇 가지 중요한 원칙이 담겨 있지요. 아래는 그 내용 중 일부예요.

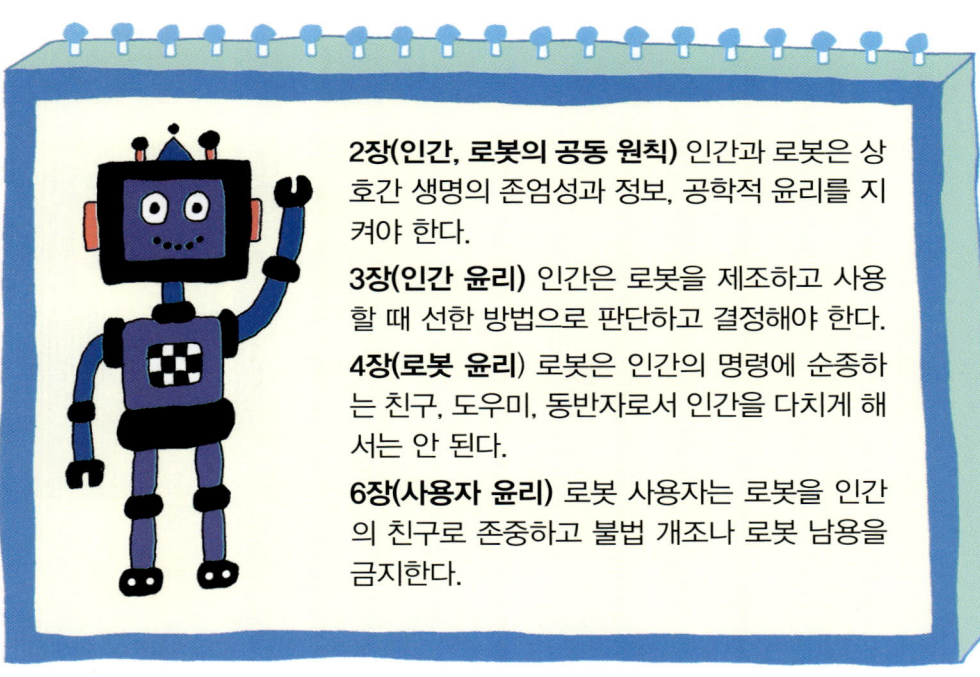

2장(인간, 로봇의 공동 원칙) 인간과 로봇은 상호간 생명의 존엄성과 정보, 공학적 윤리를 지켜야 한다.
3장(인간 윤리) 인간은 로봇을 제조하고 사용할 때 선한 방법으로 판단하고 결정해야 한다.
4장(로봇 윤리) 로봇은 인간의 명령에 순종하는 친구, 도우미, 동반자로서 인간을 다치게 해서는 안 된다.
6장(사용자 윤리) 로봇 사용자는 로봇을 인간의 친구로 존중하고 불법 개조나 로봇 남용을 금지한다.

아시모프가 정한 로봇 3원칙과 비슷하지만 더 자세하고, 인간의 책임을 강조한 것을 알 수 있어요. 이 원칙을 바탕으로 현재는 인공 지능 로봇에게 어떻게 하면 윤리를 구체적으로 가르칠 수 있을지 연구 중이에요. 특히 인공 지능 로봇이 스스로 좋은 일과 나쁜 일을 구분할 수 있는 기술이 주목을 받고 있어요. 인공 지능 로봇은 우리의 생각보다 훨씬 빨리 우리와 함께 살아갈 수 있을지 몰라요. 인공 지능 시대에 알맞은 도덕을 우리도 함께 고민해 보아야 해요.

인공 지능이 죄를 지으면 어떤 벌을 받을까?

 미래에는 인간이 명령을 내리지 않아도 스스로 판단해서 행동하는 강한 인공 지능과 함께 살아갈 수도 있어요. 그러면 인공 지능도 인간처럼 죄를 지을 수 있을 거예요. 만약 인공 지능 로봇이 죄를 지으면 어떻게 해야 할까요?

 인간은 죄를 지으면 법정에서 재판을 받고, 법에 따라 처벌을 받아요. 죄인들은 자신이 지은 죄에 따라 감옥에 갇히거나 사회봉사 활동을 하거나 벌금을 내지요. 사람이 아닌 회사가 잘못을 저질러도 벌을 받아요. 법원은 회사에 벌금을 내도록 하거나 다른 기관의 감독을 받거나, 심한 경우에는 회사의 문을 닫도록 명령하지요. 인간이든 회사든 죄를 지으면 자신이 하고 싶은 것을 마음

대로 할 수 없는 벌을 받아요. 한마디로 자유를 빼앗기는 거예요. 사람도 회사도 자유를 빼앗기는 것을 매우 두려워해요. 그래서 처벌이라고 할 수 있지요. 인공 지능도 죄를 지으면 자유를 빼앗는 벌을 줄 수 있을 거예요.

그럼, 인공 지능에게는 어떤 자유가 있을까요? 자율 주행차는 운전을 할 수 있는 자유가, 요리하는 인공 지능 로봇은 요리를 할 수 있는 자유가 있을 거예요. 그런데 인공 지능 로봇의 자유를 빼앗으면 인공 지능 로봇이 괴로워할까요? 단지 기계가 멈추는 것뿐이지 않을까요? 그래서 어떤 사람은 자유를 빼앗는 방법으로는 인공 지능 로봇을 처벌할 수 없을 거라고 해요.

또 어떤 사람은 어차피 인공 지능 로봇의 자유를 빼앗는 것이 가능하지 않다면 인공 지능 로봇의 능력을 좋은 방향으로 쓰도록 처벌을 하자고 해요. 예를 들어 사고를 낸 자율 주행차를 몇 달 동안 운행을 하지 못하게 하는 대신에 자율 주행차가 없는 가난한 사람들이 마음껏 이용할 수 있게 하는 거예요. 사람으로 따지면 사회봉사 같은 거지요. 하지만 이 방법 역시 자율 주행차 주인의 재산을 침해한다는 문제점이 있어요.

만약 마땅한 방법을 찾지 못한다면 인공 지능을 없애는 방법도 있어요. 사람으로 치면 사형과 같은 것이지요. 예를 들어 일본의 유명한 만화인 〈플루토〉에는 인간을 해친 로봇이 나오는데 인간들은 그 로봇에게 벌을 내려요. 로봇의 모든 기억이 들어 있는 메모리를 지우고, 부품은 따로따로 조각내 고철 처리장에 팔아 버리는 거예요.

아직은 인공 지능이 죄를 지으면 어떤 처벌을 해야 하는지 정해져 있지 않아요. 이제 막 논의를 시작한 수준이에요. 하지만 앞으로 강한 인공 지능이 만들어지면 인공 지능의 범죄를 전문적으로 다루는 변호사가 생길지도 모르지요.

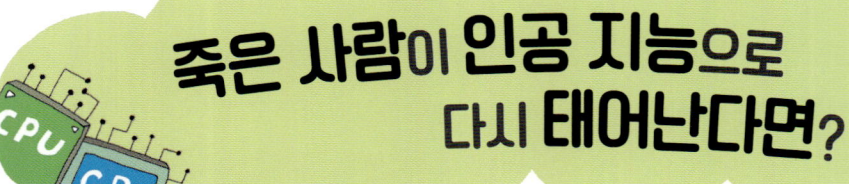

죽은 사람이 인공 지능으로 다시 태어난다면?

미래에는 사람이 죽으면 인공 지능에게 기억을 모두 옮겨 놓을지도 몰라요. 그러면 어떤 일이 벌어질까요? 다음은 인공 지능에게 죽은 사람의 기억을 모두 저장했을 때 생길 수 있는 일이에요.

인공 지능이 죽은 사람의 기억을 모두 간직하면?

2115년, 화성 기지에 모래 폭풍이 불어와 지구와 연락이 끊겼어요. 탐사대원들은 기지에 갇혔어요. 지구에서 급히 화성으로 구조대를 보냈지만 살아 있는 탐사대원은 없었지요. 죽음을 앞둔 탐사대원들은 기지의 컴퓨터에 자신의 기억을 모두 옮겼어요. 구조대는 그 컴퓨터를 지구로 가져왔어요. 그러고는 탐사대원 한 명 한 명을 인공 지능 로봇으로 되살렸지요. 탐사대원의 기억을 모두 간직한 인공 지능 로봇은 가족과 만나면 친척의 안부를 묻고, 친구와 어린 시절의 추억을 나눴어요. 게다가 화성을 탐사한 내용을 꼼꼼히 분석했어요. 탐사대원들이 살아 있는 것과 다름없었지요.

그런데 예상치 못한 곳에서 문제가 생겼어요. 탐사대원들은 사고를 대비하기 위해 보험에 가입했어요. 만약 화성 탐사에서 목숨을 잃으면 가족이 보험금을 받을 수 있도록 되어 있었죠. 당연히 탐사대원들의 가족들은 보험사에 보험금을 달라고 했어요. 하지만 보험사는 탐사대원이 인공 지능 로봇으로 살아 있으니 보험금을 지급할 수 없다고 했어요. 죽은 사람의 기억을 그대로 간직한 인공 지능 로봇을 죽은 사람이 살아난 것으로 생각할 수 있을까요?

이런 상황은 '인간이란 과연 무엇인가?' 하는 굉장히 어려운 질문을 우리에게 던져요. 탐사대원이 죽었다고 주장하는 사람들은 인간이란 육체와 정신을 모두 갖추고 있어야 한다고 생각해요. 비록 인공 지능이 죽은 탐사대원의 정신을 고스란히 간직하고 있지만, 육체가 사라졌기 때문에 탐사대원들도 죽었다는 것이죠.

이에 비해 탐사대원들이 살아 있다고 주장하는 사람은 정신이야말로 가장 중요한 인간의 조건이라고 생각해요. 비록 육체는 사라졌지만 인공 지능 덕분에 탐사대원의 정신이 살아 있기 때문에 탐사대원들이 죽지 않았다는 것이지요. 여러분의 생각은 어떤가요? 탐사대원들은 살아 있는 걸까요? 죽은 걸까요?

자율 주행차가 도로를 달리면 어떤 문제가 생길까?

미래에는 도로 위를 달리는 자율 주행차를 많이 보게 될 거예요. 자율 주행차는 사람이 운전하는 자동차보다 안전할 가능성이 훨씬 높지요. 하지만 아무리 자율 주행차가 안전 운전을 해도 교통사고는 일어날 수 있어요. 다음 상황에서 자율 주행차는 어떤 선택을 해야 할까요?

상황 1. 아이들 10명과 어른 1명 중에서 누구를 살려야 할까?

초등학생 10여 명이 장난을 치다가 갑자기 도로로 뛰어들었어요. 자율 주행차가 초등학생들을 피하려면 인도로 뛰어들어 걷고 있는 남자 어른을 칠 수밖에 없어요. 자율 주행차는 아이들 열 명과 남자 어른 한 명 가운데 누구를 살려야 할까요?

상황 2. 할머니와 자율 주행차 주인 중에서 누구를 살려야 할까?

할머니 한 분이 신호등에 빨간 불이 들어왔는데도 횡단보도를 건너고 있어요. 그때 모퉁이를 돌아서 자율 주행차가 튀어나왔어요. 자율 주행차는 할머니를 피할 시간이 없어요. 할머니를 피하려면 가로수를 들이받아야 해요. 그렇게 되면 자율 주행차의 주인이 다칠 수도 있어요. 자율 주행차는 할머니와 주인 중에서 누구를 구해야 할까요?

앗! 아이 열 명과 어른 한 명 중에서 누구를 살려야 하지?

앗! 주인과 할머니 중에서 누구를 살려야 하지?

상황 1과 상황 2에서는 자율 주행차가 어떤 선택을 해야 가장 좋을까요? 이것은 매우 어려운 문제예요. 사람들에게 직접 물어본 결과 대부분 피해가 적은 방향으로 선택을 해야 한다고 대답했어요. 열 명보다는 한 명을 선택해 피해를 줄여야 한다는 거죠. 또한 큰 부상을 당할 가능성이 높은 할머니를 구하기 위해 주인이 타고 있더라도 자율 주행차가 가로수를 들이받는 게 옳다고 대답했어요. 이런 생각을 '공리주의'라고 불러요. 공리는 '공동의 이득'이라는 뜻으로, 공리주의는 사회 전체의 고통을 최소로 하고, 행복은 최대로 하는 것이 도덕적으로 옳다는 생각이에요.

　하지만 공리주의를 학습한 자율 주행차를 만들면 커다란 약점이 있어요. 공리

주의에 따라 운전을 하는 자율 주행차라면 상황 2와 같은 경우에는 주인에게 해를 끼치는 선택을 해야 해요. 그렇다면 공리주의를 학습한 자율 주행차를 사려는 사람이 있을까요? 사람들은 당연히 주인의 안전을 가장 중요하게 여기는 자율 주행차를 사겠죠. 결국 공리주의를 학습한 자동차는 팔리지 않을 거예요.

이런 문제는 해결점을 찾기가 굉장히 어려워요. 실제 상황은 더욱더 복잡하기 때문에 고려해야 될 것이 너무 많거든요. 자율 주행차가 아무리 올바른 선택을 한다고 하더라도 모든 사람이 만족할 만한 방법을 찾을 수는 없을 거예요. 게다가 자율 주행차가 사람을 다치게 하거나 목숨을 잃게 한다면 자율 주행차가 아무리 합리적인 선택을 했더라도 도덕적인 책임은 피할 수 없어요. 이런 문제들을 해결하지 못한다면 자율 자동차가 도로에 나올 수 없을 것이라고 예측하는 사람도 있어요.

이런 문제를 해결하는 한 가지 방법은 자율 주행차와 보행자, 사람이 운전하는 자동차가 만나지 않도록 하는 거예요. 실제로 자동차 사고는 사람 때문에 일어날 확률이 더 많아요. 사람이 운전할 때는 피곤해서 깜빡 졸거나 자동차의 조작을 잘못하기도 하기 때문이죠. 게다가 갑자기 자동차가 쌩쌩 달리는 도로로 뛰어드는 사람도 있으니까요.

그래서 자율 주행차는 자율 주행차끼리 소통하면서 운전하게 하고, 길을 걷는 사람은 지하도나 육교로 다니게 하자고 주장하기도 해요. 그러면 사람의 돌발적인 행동 때문에 일어나는 위험한 상황을 막을 수 있을 거예요. 하지만 자율 주행차 중심으로 도로와 보도를 만든다면 불편함을 겪는 사람들의 반대도 만만치 않을 거예요. 자율 주행차가 지금의 자동차를 대체하려면 대부분의 사람들이 받아들일 수 있는 도덕과 원칙을 세우는 것이 매우 중요하답니다.

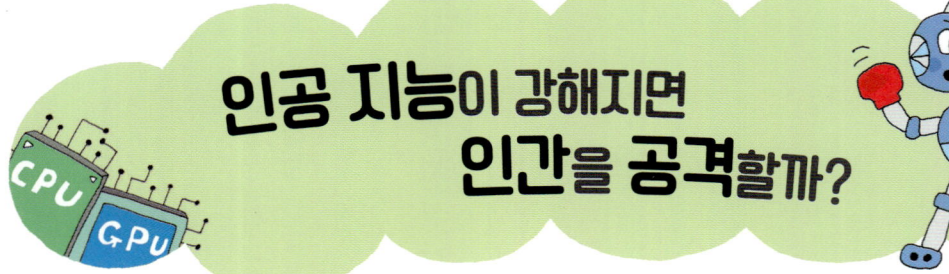

인공 지능이 강해지면 인간을 공격할까?

사람들은 영화 〈터미네이터〉에 등장하는 인공 지능인 '스카이넷'처럼 인간보다 뛰어난 능력을 가진 인공 지능이 인류를 공격할까 봐 걱정하기도 해요. '스카이넷' 같은 엄청나게 강력한 인공 지능과 인간이 싸운다면 인간이 질 수도 있다는 두려움이 있거든요.

실제로 인공 지능이 인간의 능력을 뛰어넘어 인간을 지배하고 조종하게 될 거라고 생각하는 사람들도 있어요. 전기 자동차와 민간 로켓을 개발하고 있는 사업가 일론 머스크는 "인공 지능 연구는 악마를 불러오는 것과 비슷하다. 핵무기보다 위험하며, 인간에게 가장 큰 위협이 될 것이다."라고 주장했어요. 영국의 물리학자 스티븐 호킹은 "인공 지능의 발전 속도를 인간의 생물학적 진화가 따라갈 수 없기 때문에 인류는 멸망할 것이다."라고 걱정했어요. 마이크로소프트의 최고 경영자인 빌 게이츠도 "만약 우리가 인공 지능을 잘 관리할 수 있다면 좋은 일이지만 그렇지 않으면 인류를 파멸할 수준으로 발전할 수 있다."라고 인공 지능의 위험성을 꾸준히 경고하고 있어요.

왜 사람들은 인공 지능이 사람을 공격할 수 있다는 공포와 두려움을 느끼는 걸까요? 낯설고 힘이 센 존재가 힘이 약한 존재를 공격한다는 생각은 인간의 마음에서 나온 거예요. 인간은 수백만 년 동안 수많은 어려움을 극복하면서 살아남았어요. 힘세고 강한 동물로부터 자신을 보호해야 했으며 끊임없이 일어나는 전쟁에서도 살아남아야 했지요. 그래서 인간은 낯설고 힘센 존재를 보면 공격을 받을지도 모른다는 공포와 두려움에 떨었어요. 공포와 두려움은 수백만 년의 진화 과정을 겪으며 우리의 마음에 남아 있는 거예요.

　인공 지능이 인간을 지배할 것인지 그렇지 않을 것인지 정답을 아는 사람은 아무도 없어요. 한 가지 분명한 것은 인공 지능의 위험성을 경고하는 사람들도 인공 지능을 개발하지 말자고 주장하는 것은 아니라는 점이에요. 사람이 인공 지능을 통제하지 못했을 때 일어날 수 있는 일을 걱정하는 거예요. 인공 지능은 인간의 본능과 본성을 갖고 있지 않아요. 예를 들어 인공 지능은 맛있는 음식과 좋은 옷이 필요 없어요. 서로를 비교하거나 질투하는 마음이 없을 가능성도 높아요. 그래서 인공 지능이 인간을 공격하는 일은 없을 거라고 생각하는 이들도 많답니다.

한눈에 살펴보는 우리 생활 속의 인공 지능

인간과 인공 지능이 함께 살아가는 것은 먼 미래의 일은 아니에요. 우리는 지금도 인공 지능을 이용한 것들을 사용하고 있어요. 우리 생활 깊숙이 들어와 있는 인공 지능에 대하여 알아보아요.

인공 지능 스피커

스피커에 인공 지능의 기능을 더한 거예요. 스피커는 텔레비전이나 오디오, 휴대 전화 같은 전자기기의 소리를 밖으로 내보내는 기계인데, 인공 지능 스피커는 주인이 원하는 음악도 틀어 주고, 필요한 물건을 주문하는 등 비서와 같은 역할을 하고 있어요. 전 세계 정보 통신 기술 회사들이 인공 지능 스피커를 개발하고 있어요.

자동차의 자율 주행 기능

자율 주행차에 들어가는 여러 가지 기술이 자동차에 도입되고 있어요. 앞차와 거리가 지나치게 가까워지면 자동차가 스스로 멈춰 서는 기능, 자동차 스스로 주차에 적합한 위치를 탐색하고, 주차를 쉽게 할 수 있도록 도와주는 기능, 차선을 벗어나면 바퀴를 움직여 차선 안으로 돌려놓는 기능 등은 지금도 이용되고 있어요.

로봇 청소기

청소기에 인공 지능을 결합한 거예요. 로봇 청소기는 장애물을 인식하고, 장애물을 피해서 청소를 해야 해요. 지금 만들어지고 있는 로봇 청소기는 인공 지능의 딥러닝 기술을 이용해 청소를 하다가 사람을 만나면 멈춰서 기다리고, 작은 턱이 있으면 넘어가고, 상자 같은 것이 앞을 가로막으면 돌아가는 정도에 이르렀어요.

인공 지능 에어컨

인공 지능을 결합한 에어컨도 개발되었어요. 인공 지능 에어컨은 사람들이 많이 머무는 곳에 찬바람을 주로 보내고 사람이 거의 없는 곳에는 찬바람을 보내지 않아요. 또한 집 안에 사람들이 움직이는 시간과 공간의 데이터를 축적하여 알맞은 온도를 시간에 따라 스스로 조절할 수 있지요. 사람의 음성을 알아듣고, 사람의 명령에 따라 온도를 조정할 수 있는 기능도 개발되었어요.

인공 지능이 인간의 일자리를 빼앗을까?

정보 기술 산업이 발전하면서 사람들의 일자리는 자연스럽게 줄어들었어요. 단순한 일은 로봇이 대신할 수 있게 되었기 때문이에요. 정보 기술(IT) 산업이 발전하기 전에는 공장에서 물건을 대량 생산하는 제조업이 산업을 이끌었어요.

1990년
제조업 고용 인원 120만 명
포드, 크라이슬러, 지엠
전체 매출 2500억 달러

>

2012년
IT 고용인원 13만 명
애플, 구글, 페이스북
전체 매출 2100억 달러

=

미국의 대표적인 제조업체는 자동차를 만드는 지엠, 크라이슬러, 포드였어요. 1990년에 이 세 기업의 매출을 모두 합치면 약 2500억 달러이고, 이 세 회사에서 일하는 노동자는 약 120만 명이었어요.

시간이 흘러 지금 미국의 경제를 이끌고 있는 기업은 애플, 구글, 페이스북으로 대표되는 정보 기술업체예요. 이 세 기업의 2012년 매출을 모두 합치면 약 2100억 달러예요. 지엠, 크라이슬러, 포드의 1990년도 매출과 비슷하지요. 그런데 애플, 페이스북, 구글에 다니는 사람의 수는 13만 명에 불과해요. 예전에 제조업체가 고용하던 노동자 수에 비해 약 9분의 1로 줄어든 거예요.

정보 기술 회사에서는 제조업보다 일하는 사람이 훨씬 적게 필요해요. 게다가 지금은 제조업체에서 일하는 노동자의 수도 줄고 있어요. 똑같은 작업을 반복하는 일은 로봇에게 맡겼기 때문이에요. 미래에는 인공 지능이나 로봇이 더 많은 일을 할 거라고 예상하고 있어요. 그렇다면 실제로 사람들의 일자리가 얼마나 사라질까요?

18세기 영국에서는 사람들이 한꺼번에 직장을 잃은 적이 있었어요. 산업 혁명으로 공장에서 대량으로 물건을 만들기 시작했기 때문이에요. 공장에서 대량으로 만든 물건들이 시장으로 쏟아져 나오자 물건의 가격은 떨어지고, 작은 공장에서 일하던 노동자들은 거리로 쫓겨났어요. 기계 때문에 직장에서 쫓겨난 사람들은 화가 나서 공장으로 몰려가 기계를 부수기까지 했어요.

사람들은 산업 혁명으로 모든 사람이 직업을 잃을지 모른다는 공포에 떨었지만 실제로는 그렇지 않았어요. 일자리가 줄어드는 것만큼 새로운 일자리가 생겨났거든요. 기계를 만들고, 기계를 작동시키고, 기계를 보수하는 일자리가 생겨났어요. 또한 기관차가 발명되어 철도를 유지하고 관리하는 사람들이 필요해졌고, 교통수단의 발전으로 외국과 무역을 하는 일자리도 크게 늘었지요. 사라진 일자리보다 더 많은 수의 새로운 일자리가 생겨난 거예요.

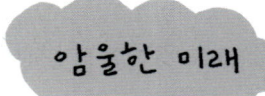

하지만 인공 지능과 더불어 지내야 하는 미래에는 산업 혁명으로 일자리가 늘어난 것처럼 새로운 일자리가 많이 생기지는 않을지도 몰라요. 일자리는 늘어나도 직장을 가지고 일하는 사람은 줄어들 수 있어요. 앞으로 새롭게 생겨나는 일자리는 많은 사람을 필요로 하지 않거든요. 애플, 구글, 페이스북 같은 정보 기술 회사는 적은 인원으로도 큰 이익을 내기 때문이에요.

그렇다면 인공 지능 때문에 일자리가 줄어든 인간의 미래는 어떻게 될까요? 어떤 사람은 인간과 인공 지능이 일자리를 놓고 경쟁을 하게 될 거라고 해요. 직업을 잃은 사람이 늘어나고, 직업을 잃은 사람들은 가난해질 거예요. 인공 지능을 둘러싸고 사회가 혼란에 빠질 수도 있어요. 인공 지능을 없애야 한다는 정치인을 지지하고, 인공 지능을 공격하는 사람이 나타날 수도 있거든요.

이에 비해 어떤 사람은 힘들고 어려운 일은 인공 지능에게 맡기고, 인간은 풍요롭고 여유 있는 삶을 즐길 수 있을 거라고 해요.

매일 아침 직장에 출근하지 않아도 되기 때문에 자신이 하고 싶은 여행, 글쓰기, 영화 감상, 운동 등을 하며 살 수 있을 거라는 거죠.

실제로 모든 사람이 실직자가 되지는 않겠지만 모든 사람이 풍요롭고 여유 있는 삶을 살기도 힘들 거예요. 인공 지능으로 바꿀 수 없는 일자리도 있을 테고요. 산업 혁명 이전에는 신분이 높은 몇몇을 제외한 대부분의 사람이 가난하게 살았지만, 산업 혁명 이후에는 서서히 가난한 사람이 줄어들기 시작했어요. 이처럼 앞으로 인공 지능을 이용해서 대부분의 사람들이 점차 여유롭고 평화롭게 살 수 있는 길을 찾을 수도 있어요.

그러기 위해서는 인공 지능으로 늘어난 부와 시간을 인류 모두를 위해서 어떻게 나누어야 할지 고민해 보아야 해요. 인공 지능이 아주 적은 수의 사람들에게만 쓸모 있다면 나머지 사람이 불행해질 수 있을 테니까요. 인류 전체가 힘을 합해 인공 지능으로 늘어난 부와 시간을 공평하게 나누어 모두가 잘사는 방법을 찾을 수 있다면, 그게 더 행복하지 않을까요?

인공 지능이 대신할 수 없는 직업은?

　인공 지능과 로봇이 발달하면 미래에는 사라지는 직업도 많이 생길 거예요. 지금은 인기가 많고, 꼭 필요하다고 여겨지는 직업도 불과 몇 년 후에는 인공 지능 로봇이 대신하거나 아예 그 업무 자체가 필요 없어질 수도 있지요. 어떤 사람들은 10년 안에 지금 일자리의 절반 정도가 사라질 거라고도 해요. 물론 그 사이에 새로운 일자리도 많이 생기겠지요. 인공 지능으로 대체될 수 있는 일이 아무리 많아져도 인공 지능이 결코 인간을 대체할 수 없는 일자리도 있을 거예요. 미래에는 어떤 일자리가 사라지고, 어떤 일자리가 살아남을까요?

　우선, 인공 지능이 앞으로 대체하게 될 직업들은 단순한 일을 반복적으로 하는 일이에요. 또 정교함이 떨어지는 동작을 하거나 사람들과 소통하는 일이 상대적으로 적은 일들은 인공 지능으로 대체될 가능성이 높아요. 이 기준에 따라 콘크리트 기사, 정육점 직원, 제품 조립원, 청원 경찰, 환경 미화원, 택배원, 주유원 등의 직업이 앞으로 인공 지능으로 대체될 확률이 높은 것으로 나타났어요.

　이에 비해 중요한 결정을 해야 하거나 감성에 기초한 업무들은 인공 지능으로 대체될 확률이 낮은 편이에요. 화가나 조각가, 사진작가, 작가, 작곡가, 만화가 등 예술 관련 분야의 직업들은 인공 지능으로 대체될 확률이 다른 직업에 비해 낮은 것으로 꼽혔어요. 창의성이 필요하고, 사람의 마음과 감성을 다루는 일은 앞으로도 계속 사람이 주도적으로 이끌어 갈 수 있는 분야예요.

만약 인공 지능과 로봇 기술이 발달하여도 대체할 수 없는 직업을 찾는다면 그 일이 정교함이 필요한 일인지, 창의성이 필요한 일인지, 사람들을 직접 만나야 하는 일인지 판단해 보는 것도 좋아요. 복잡한 부품을 조립하거나 정교함이 필요한 일, 주어진 주제나 상황에 대해 독특하고 기발한 아이디어를 내야 하는 일, 다른 사람들의 마음이나 행동을 변화시키기 위해 설득을 해야 하는 일 등은 인공 지능이 해내기 어려운 일로 꼽힌답니다.

아직까지는 인공 지능과 로봇이 인간을 대신해서 일할 영역이 어디까지인지 논의해 가는 과정이에요. 분명한 건 단순하면서도 반복적으로 해야 하는 업무는 인공 지능으로 대체되고, 인간은 감성과 소통 능력을 발휘하는 업무에 집중하는 협업이 본격적으로 시작되고 있다는 점이지요.

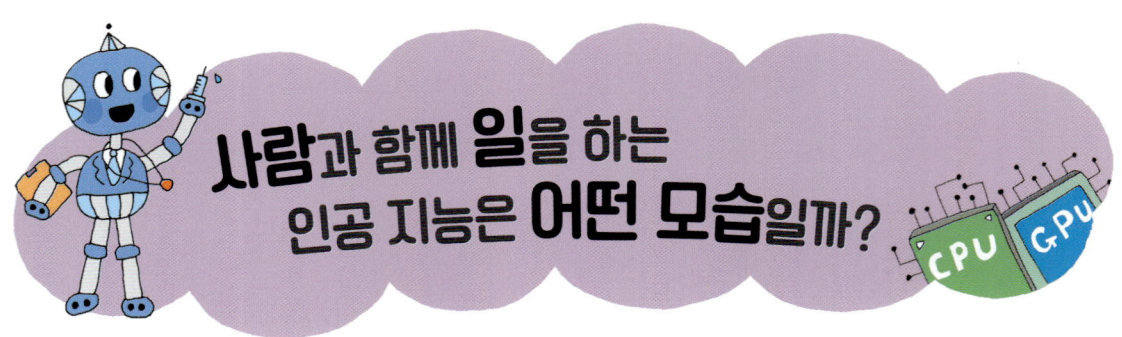

사람과 함께 일을 하는 인공 지능은 어떤 모습일까?

인공 지능과 인간이 함께 살아갈 미래에는 지금과 달라지는 것이 많을 거예요. 직업의 모습도 많이 달라지겠지요. 사라지지 않고 남아 있는 직업도 인공 지능의 도움을 받아야 할 테니까요. 인공 지능과 함께하는 직업의 세계를 살펴볼까요?

일은 줄고, 책임은 커지고

나는 외과의사예요. 오늘도 제가 직접 치료할 환자는 몇 명 없어요. 환자가 오면, 먼저 인공 지능 의사가 환자를 진단해요. 인공 지능 의사는 환자의 목소리와 표정을 살펴보고 환자가 말한 증상을 꼼꼼히 기록하고서 약을 처방하지요. 환자의 증상을 파악하는 능력은 인공 지능 의사가 아무래도 사람 의사보다 한 수 위인 것 같아요.

내가 직접 보는 환자는 상처를 직접 치료해야 하거나 생명이 위험한 환자들이에요. 인공 지능 로봇이 할 수도 있지만 사람들은 아직까지 사람이 직접 붕대를 감아 주거나, 물리 치료를 해 주는 것을 더 좋아하거든요. 환자들의 아픔에 귀 기울여 주는 것이 사람 의사의 큰 장점이에요. 또한 생명이 위험한 환자들을 돌볼 때는 인공 지능 의사가 혹시 '오진'을 했을지 모르기 때문에 사람 의사가 한 번 더 확인해야 해요. 인공 지능 의사가 진단을 내렸어도 만약 환자가 잘못되면 의사가 책임져야 하니까요.

_외과의사

암기는 NO, 감성은 OK

오늘은 아이들에게 구구단을 가르쳤어요. 나는 어릴 때 공부했던 기억을 떠올리며 천천히 구구단을 가르쳤지요. 아이들은 사람이 직접 계산한다는 것을 무척 신기하게 여겼어요. 요즘 아이들은 아주 간단한 계산도 인공 지능 로봇에게 맡기거든요. 인공 지능 로봇은 사람의 마음을 읽고, 사람이 묻기도 전에 답을 알려주기도 해요. 준비물이나 숙제도 챙겨 주지요.

무엇이든 척척 대답하는 인공 지능 로봇 덕분에 아이들은 아무것도 외울 필요가

없어요. 조선이 세워진 때, 임진왜란이 일어난 때 등을 외우던 역사 수업 시간은 이제 역사의 의미를 파악하는 것으로 바뀌었어요. 감성 교육도 늘었지요. 사람과 사람 사이의 소통이 더욱 중요해진 거예요. 또 인공 지능과 함께 살아가는 방법 등을 토론하는 시간도 늘고 있답니다.

- 초등학교 교사

인공 지능은 또 하나의 사람

저는 인공 지능과 좋은 관계를 맺는 데 도움을 주는 인공 지능 커뮤니케이션 강사예요. 예전에 커뮤니케이션 강사는 사람과 사람이 서로의 마음을 이해하고 소통을 도와주는 역할이었다고 해요. 지금은 주로 인공 지능과 사람이 서로를 이해하고 소통할 수 있도록 돕지요.

저를 인공 지능을 설계하는 프로그래머라고 생각하는데 그렇진 않아요. 사람과 사람 사이의 소통 방법을 알려 주는 사람처럼, 인공 지능과 어떤 대화를 나누는 게 좋을지, 인공 지능에게 호감을 사는 방법 등을 알려 주는 일을 하죠.

요즘에는 인공 지능과 함께 일하고, 도로에서는 자율 주행차가 운전을 하기 때문에 인공 지능과 부딪힐 일이 많아요. 그래서 인공 지능과 어떻게 하면 더 잘 지낼 수 있을지 그 방법을 알려 준답니다.

_인공 지능 커뮤니케이션 강사

인공 지능 전문가가 되려면 무엇을 공부해야 할까?

 인공 지능은 생각보다 우리 가까이 있어요. 집에서 활용하는 인공 지능 스피커는 우리가 궁금해 하는 것을 척척 대답해 주어요. 통역과 번역을 해 주는 인공 지능도 있고요. 병원에서는 인공 지능이 암을 진단하고, 커피숍이나 공항에서도 인공 지능 로봇이 사람들을 안내하고 있지요.
 구글이나 페이스북 같은 세계적인 회사에서는 사람처럼 사고하고 판단할 수 있는 인공 지능을 개발하려고 노력하고 있어요. 우리나라의 많은 기업과 과학

자들도 인공 지능 연구에 뛰어들었지요. 인공 지능은 4차 산업 혁명을 이끌어 나갈 가장 중요한 분야예요. 지식이 필요한 모든 분야에 인공 지능이 꼭 쓰일 테니까요. 앞으로 인공 지능과 관련된 직업은 점점 더 많아질 거예요. 그럼, 인공 지능 전문가들은 무엇을 하는지 알아볼까요?

인공 지능 전문가는 크게 두 종류로 나눌 수 있어요. 그중 하나가 인공 지능의 학습 능력을 높이는 과학자예요. 딥러닝 같은 기계 학습, 사람의 말을 알아듣는 음성 인식 기술, 사물을 시각적으로 인지하는 컴퓨터 비전 기술, 인공 신경망 등을 개발하는 일 등을 해요. 인공 지능이 사람처럼 사고하는 능력을 발전시킬 수 있는 방법을 찾는 일이지요.

다른 하나는 인공 지능을 이용하여 프로그램을 만드는 전문가예요. 암을 진단하는 왓슨이나 바둑 인공 지능 알파고, 자율 주행차 같은 어느 한 분야의 인공 지능 프로그램을 개발해요. 우리 생활에 큰 도움을 주는 인공 지능을 개발하는 일을 하지요.

그럼, 인공 지능 전문가가 되려면 무엇을 공부해야 할까요? 우선 여러 분야의 지식과 기술을 익혀야 해요. 인공 지능 연구에 큰 공을 세운 사람들은 인공 지능만 연구하지 않았어요. 알파고를 개발한 데미스 하사비스는 컴퓨터 공학뿐만 아니라 뇌 과학을, 딥러닝을 개발한 제프리 힌튼도 심리학을 공부한 뒤에 인공 지능을 공부했지요.

그러니까 인공 지능 전문가가 되려면 컴퓨터에 관한 지식뿐만 아니라 인간의 언어를 공부하는 언어학, 인간의 두뇌와 신경을 연구하는 신경과학, 인간의 문화를 종합적으로 연구하는 인류학, 인간과 세계에 대한 근본적인 고민을 하는 철학, 인간의 마음을 연구하는 심리학처럼 다양한 분야를 공부하는 것이 좋아요.

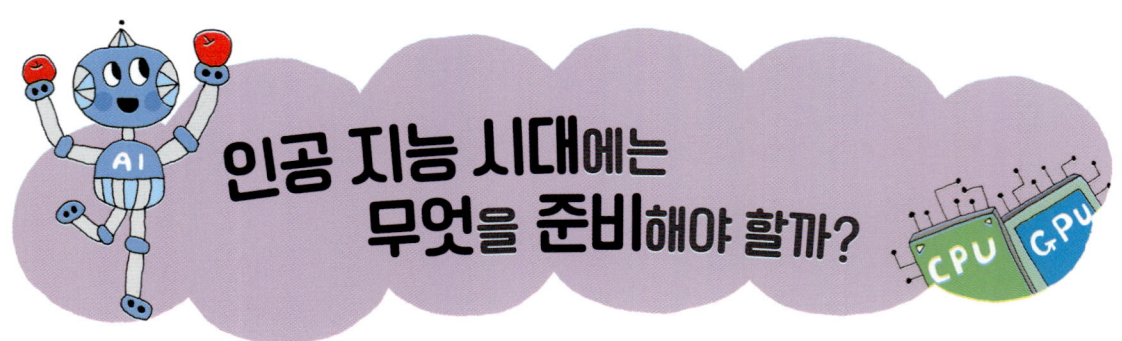

인공 지능 시대에는 무엇을 준비해야 할까?

　세상은 아주 빠르게 바뀌고 있고, 미래가 정확히 어떻게 될지 누구도 알 수 없어요. 그렇더라도 미래를 대비하기 위해서는 생각하는 능력을 키워야 해요. 인공 지능은 앞으로 우리를 위해 엄청나게 많은 정보를 주고 조언을 해 줄 거예요. 우리는 인공 지능의 조언을 바탕으로 인간이 해야 할 일을 스스로 결정할 수 있어야 해요. 수많은 정보들을 서로 짝지어서 논리적인 결론을 만들 수 있는 능력이 필수적이지요.

　방대한 데이터를 기반으로 규칙을 찾아내고 정리하는 일은 인공 지능이 인간의 능력을 뛰어넘어요. 그리고 지금보다도 훨씬 더 많은 정보가 넘쳐날 거예요. 하지만 이를 바탕으로 결론을 내리고 판단하는 일은 아직 인간의 몫이에요. 더 중요한 건 무엇인지, 그 기준을 정하는 일과 그에 따른 판단을 하는 힘을 키우는 것이 필요하지요.

앞으로는 인간과 인공 지능이 협업하는 일이 지금보다 훨씬 많아질 거예요. 따라서 인공 지능을 잘 활용하기 위해서는 인공 지능과 소통을 하는 방법도 잘 알아두어야 해요. 코딩을 배우는 것도 한 방법이지요. 코딩은 프로그램을 짜는 기술 중 하나예요. 코딩이 중요한 것은 인공 지능, 사물 인터넷, 로봇, 빅데이터 분석 등 4차 산업 혁명 시대에 필요한 것들이 컴퓨터 프로그램을 통해 구현되기 때문이에요. 프로그램을 잘 다룰 줄 아는 기술적인 부분도 필요하지요. 하지만 중요한 것은 프로그램 기술 자체가 아니라 기술을 활용해 펼칠 수 있는 영역이 무엇인지, 인공 지능과 협업할 수 있는 가장 효율적인 방법을 생각해 보는 것이지요.

인공 지능과 함께하는 시대에는 많은 것이 빠른 속도로 바뀔 거예요. 인간만이 할 수 있는 분야는 무엇인지, 인공 지능을 잘 활용할 수 있는 방법은 무엇인지를 우선적으로 생각한다면 인공 지능과 함께하는 사회를 겁내지 않고 좀 더 긍정적으로 대비할 수 있답니다.

한눈에 살펴보는 4차 산업 혁명 시대를 이끌어 갈 첨단 기술

4차 산업 혁명 시대에는 인공 지능 연구를 비롯해서 3D 프린팅, 가상현실, 드론 같은 첨단 기술이 발전할 거예요. 4차 산업 혁명 시대를 이끌어 갈 기술에 대해 알아보아요.

첨단 기술은 어떻게 발전할까?

3D 프린팅

3D 프린팅은 종이와 같은 평면 위에 글자를 찍어 내는 것이 아니라 입체적인 모양의 사물을 찍어 내는 거예요. 신발이나 장난감, 컵처럼 만들고 싶은 상품의 설계도를 컴퓨터에 입력하면 설계에 따라 플라스틱 액체 같은 재료를 바닥부터 매우 얇은 층으로 차곡차곡 쌓아 올려 물건을 만들어 내지요. 3D 프린팅 기술은 의료, 건축, 항공, 우주 등 다양한 분야에서 활용되고 있어요. 인체 조직이나, 자동차, 집, 심지어 음식도 3D 프린팅 기술로 만들 수 있답니다.

가상현실

가상현실이란 실제로 있지 않은 세계에 들어가 체험하는 것을 말해요. 가상현실을 이용하면 방 안에 앉아서도 스키를 타거나 하늘을 날거나 바닷속에 있는 느낌을 받을 수 있어요. 멀리 있는 물건도 눈앞에 있는 것처럼 느낄 수 있지요. 의사들은 가상현실 기술을 이용해 어려운 수술을 미리 연습해 볼 수도 있어요. 가상현실은 게임, 교육, 공연, 오락, 여행과 관련 있는 기업에서 많이 개발하고 있어요.

사물 인터넷

사물 인터넷은 우리가 쓰는 물건에 센서를 붙이고, 실시간으로 인터넷과 연결해 정보를 주고받는 기술을 말해요. 예를 들어 스마트폰과 보일러가 서로 정보를 주고받아서 집주인이 도착하기 전에 보일러가 작동하여 집 안을 따뜻하게 만드는 기술이에요. 집 안에 있는 냉장고는 냉장고 안의 식료품을 파악하여 인터넷으로 필요한 식료품을 주문할 수도 있어요. 사물 인터넷과 인공 지능 기술이 결합하면 우리 생활은 더욱더 편리해질 거예요.

드론

드론은 사람이 타지 않고 무선 전파로 조정할 수 있는 무인 비행기예요. 카메라, 센서, 통신 시스템 등이 장착되어 있고, 크기와 무게도 다양해요. 처음에는 군대에서 쓰려고 개발했지만 지금은 스포츠 중계부터 재해 현장 촬영, 탐사보도까지 언론사나 영화 제작사에서 많이 쓰고 있지요. 2018년에 우리나라에서 개최된 평창 동계 올림픽에서 심야 드론 쇼를 선보여 큰 주목을 받았어요.

강한 인공 지능

인공 지능은 인간의 지능이 가지는 학습, 추리, 적응, 논증 등의 기능을 갖춘 컴퓨터 시스템이에요. 인간의 뇌와 같은 역할을 하지요. 그중 강한 인공 지능은 스스로 생각하고 학습하는 인공 지능을 말해요. 강한 인공 지능은 인간처럼 스스로 필요한 것을 판단하고 학습할 수 있어요. 또한 감정을 가지고 인간과 소통할 수도 있어요. 아직까지는 인간처럼 자아를 가지고 스스로 생각하고 학습하는 강한 인공 지능은 개발되지 않았어요.

그래픽 처리 장치(GPU)

컴퓨터의 영상 정보를 처리하거나 화면 출력 등을 담당하는 장치예요. 지피유(GPU)라고도 해요. 중앙 처리 장치가 처리하던 기능 중에서 그래픽 처리 작업을 돕기 위해 만들었어요. 처음에는 게임이나 영상 편집 같은 작업에 쓰이다가 지금은 인공 지능 개발에 가장 중요한 부품이 되었어요.

기계어

컴퓨터가 직접 읽을 수 있는 0과 1로 이루어진 언어를 말해요. 컴퓨터 프로그램을 짤 수 있는 기본 언어예요. 컴퓨터 프로그램이 작동하려면 프로그래밍 언어가 기계어로 바뀌어야 컴퓨터가 그 내용을 이해하고 작동할 수 있어요. 하지만 기계어는 이해하기 어렵고 컴퓨터의 구조도 잘 알아야 하기 때문에 프로그래머들이 프로그램을 만드는 데 시간이 많이 걸리지요. 그래서 프로그램을 쉽게 만들 수 있는 프로그래밍 언어가 개발되었어요. 지금은 기계어로 직접 프로그램을 만드는 일은 거의 사라졌어요.

나딘

싱가포르의 난양 기술 대학교에서 개발한 인공 지능 로봇이에요. 나딘은 인간과 거의 흡사한 모습을 하고 있으며 사람과 대화를 나누면서 감정을 표현할 수 있어요.

노드

데이터 통신망이나 네트워크상의 연결점을 의미해요. 데이터를 전송하는 통로에 접속되는 하나 이상의 기능 단위를 나타내는 말이지요. 데이터를 인식하고 처리하거나 다른 노드로 전달할 수 있도록 프로그램이 되어 있어요.

뉴럴 바이패스

환자의 대뇌 피질 안쪽에 신경 세포 신호를 읽을 수 있는 전극을 이식하고 손목에는 전극 패치를 붙인 뒤 전선을 이용해 둘을 이은 장치예요. '신경 우회'라고도 해요. 신경 세포가 망가져서 손과 발을 움직일 수 없는 환자가 손과 발을 움직일 수 있도록 도와주어요.

데이터

컴퓨터가 처리할 수 있는 문자, 숫자, 소리, 그림 따위의 형태로 된 정보예요. 데이터를 처리하기 위해서는 컴퓨터 프로그램 등을 통해 정보를 읽고, 처리하고 저장하는 등의 작업을 거쳐야 해요. 일반 데이터는 0과 1로 된 디지털 데이터로 바뀌어 저장되지요.

드론

무선 전파로 멀리서 조정할 수 있는 무인 비행기예요. 사람이 타지 않고 조정하기 때문에 '무인기'라고도 해요. 헬리콥터나 비행기처럼 생겼지요. 처음에는 드론에

카메라를 붙여서 적군을 감시하는 용도로 쓰였지만 나중에는 미사일을 발사하는 용도로 쓰일 정도로 발전하였어요. 지금은 배달이나 방송 촬영 등에도 많이 이용되고 있어요.

딥러닝

기계 학습의 한 분야예요. 컴퓨터가 사람처럼 생각하고 배울 수 있도록 하는 기술이지요. 딥러닝은 규칙을 설명하지 않고 엄청나게 많은 데이터를 분류하고 같은 데이터끼리 모아서 패턴을 파악할 뿐만 아니라 새로 만들어진 데이터를 통해 스스로 학습하고 미래 상황을 예측할 수 있어요.

딥블루

컴퓨터 제조사인 아이비엠이 체스 게임을 위해 만든 인공 지능이에요. 1997년에 세계 체스 챔피언인 가리 카스파로프와 체스 대결을 벌여 승리한 것으로 유명해요. 이 컴퓨터에는 과거 100년간 열린 주요 체스 경기의 내용과 유명 체스 선수들의 경기 방식이 내장되어 있었어요.

딥소트

1985년 미국의 카네기 멜론 대학교가 체스 게임을 위해 개발한 인공 지능이에요. 딥소트는 1989년 체스 세계 챔피언인 가리 카스파로프에게 도전장을 던졌지만 패했어요. 딥소트는 '깊은 생각'이라는 뜻으로, 더글러스 애덤스의 과학 소설 《은하수를 여행하는 히치하이커를 위한 안내서》에 등장하는 강력한 컴퓨터의 이름에서 따왔어요.

로보 어드바이저

투자하려는 사람이 원하는 목표를 정확하게 분석해서 그에 알맞은 투자를 하는 인공 지능이에요. '로봇'과 조언을 해 주는 사람을 뜻하는 '어드바이저'를 합친 말이지요. 로보 어드바이저는 수백 조의 데이터를 분석할 수 있는 인공 지능 기술을 이용하지요.

로봇

인간과 비슷한 모습으로 걷기도 하고 말도 하는 기계예요. 또한 어떤 작업이나 조작을 반복적으로 하는 기계도 로봇이라고 해요. 로봇은 '노동'을 뜻하는 체코어에서 나온 말이에요. 로봇은 반복적이고 위험한 일을 인간 대신 하기 위해서 만들어졌어요. 현재 로봇은 인공 지능과 결합하여 다양한 일을 하고 있지요.

로봇 3원칙

로봇이 지켜야 할 세 가지 원칙이에요. 로봇 3원칙은 아이작 아시모프가 제시했어요. 제1원칙은 로봇은 인간에게 해를 끼쳐서는 안 된다. 위험에 처한 인간을 무시해서도 안 된다. 제2원칙은 제1원칙에 위배되지 않는 한, 로봇은 인간의 명령에 복종해야 한다. 제3원칙은 제1원칙과 제2원칙에 위배되지 않는 한, 로봇은 로봇 자신을 지켜야 한다는 것이에요.

로봇 저널리즘

인공 지능 프로그램을 이용하여 자동으로 기사를 작성하는 것이에요. 기사를 쓰는 인공 지능 로봇 기자가 인터넷에 있는 자료를 수집·정리·분류해서 기사를 쓰지요. 지진과 천재지변, 스포츠 경기 결과 등과 같이 정확한 사실을 제공하는 기사를 작성하고 있어요.

모라벡의 역설

사람에게 쉬운 것은 컴퓨터에게 어렵고 반대로 사람에게 어려운 것은 컴퓨터에게 쉽다는 말이에요. 미국의 로봇 공학자인 한스 모라벡이 1970년대에 '어려운 일은 쉽고, 쉬운 일은 어렵다.'라고 사람과 컴퓨터의 차이를 설명한 말에서 비롯됐어요. 사람은 걷기, 느끼기, 듣기, 보기, 의사소통 등의 일상적인 행위는 매우 쉽게 할 수 있지만 복잡한 수식 계산 등을 하기 위해서는 많은 시간과 에너지를 소비해요. 이에 비해 컴퓨터는 사람이 쉽게 하는 일은 매우 어려워하지만 수학적 계산, 논리 분석 등은 순식간에 해낼 수 있다는 것이지요.

무인 자동차

사람이 타지 않은 채 멀리 떨어진 곳에서 신호를 보내 자동차를 조종하여 달리는 차를 말해요. 주로 군사용이나 연구용으로 사용되고 있어요. 자율 주행차를 무인 자동차라고 부르기도 해요.

빅데이터

디지털 환경에서 생성되는 엄청나게 많은 양의 데이터를 말해요. 빅데이터는 빨리 만들어졌다가 금방 사라지기를 반복하는 특징이 있어요. 사람들이 컴퓨터와 스마트폰 등을 사용하면서 디지털 정보가 엄청나게 늘어났어요. 문자와 사진, 영상 같은 다양한 형태가 모두 포함돼요. 이뿐만 아니라 인터넷 검색 기록, 동영상 등의 조회 기록, 사람들의 위치 정보, 소셜 네트워크 서비스(SNS)에 올리는 글의 내용 등도 모두 디지털 데이터로 축적되고 있어요. 빅데이터를 분석하면 각 사람의 취향, 취미, 생각과 의견까지 예측할 수 있어요.

사물 인터넷

사물에 센서를 붙여서 실시간으로 사람과 사물, 사물과 사물끼리 데이터를 인터넷으로 주고받는 기술이나 환경을 말해요. 지금까지 인터넷에 연결된 사물이 정보를 주고받으려면 사람의 조작이 필요했는데, 사물 인터넷 시대가 열리면서 사람의 개입 없이 사물과 사물끼리 정보를 주고받을 수 있게 되었어요. 시동을 걸지 않아도 되는 스마트키, 필요한 음식 재료를 알려 주는 냉장고 등이 사물 인터넷이라고 할 수 있어요.

소셜 네트워크 서비스(SNS)

관심 분야가 비슷하거나 비슷한 활동을 하는 사람들이 인터넷에서 서로 교류할 수 있도록 해 주는 서비스예요. 간단하게 에스엔에스(SNS)라고 불러요. 원래부터 알고 지내던 사람들끼리 인터넷을 통해 쉽게 교류할 수 있도록 도와주고, 새로운 친구도 사귈 수 있게 해 주지요. 트위터, 카카오톡, 페이스북이 대표적인 소셜 네트워크 서비스예요.

알고리즘

어떤 문제를 해결하기 위하여 입력된 자료를 토대로 원하는 결과를 유도해 내는 단계적 방법을 말해요. 각 단계는 하나 또는 그 이상의 연산을 필요로 해요. 컴퓨터 프로그램을 작성하는 데 중요한 요소예요.

알파고

정보 기술 회사인 구글 딥마인드가 개발한 인공 지능 바둑 프로그램이에요. 인공 지능 중에서 딥러닝 기술을 이용한 알파고는 2016년에 세계에서 가장 강한 바둑 선수 가운데 한 명인 이세돌 9단과 바둑 대결을 벌여 승리한 것으로 유명해요. 알파고는

16만 판이 넘는 바둑 기보를 학습하고, 알파고끼리 대결하여 그 결과를 토대로 다시 학습하여 바둑을 정복할 수 있었어요.

약한 인공 지능

체스나 바둑 같은 특정한 분야에서 뛰어난 연산 작용을 바탕으로 정해진 규칙을 통해 학습할 수 있는 인공 지능이에요. 딥블루나 알파고 등 지금까지 개발된 인공 지능은 모두 약한 인공 지능이에요.

왓슨

아이비엠에서 퀴즈 대결을 하기 위해서 만든 인공 지능이에요. 인간의 언어를 이해하고 판단하는 데 뛰어난 기능을 가지고 있어요. 간단한 문제뿐만 아니라 은유적이고 추상적인 표현을 이해하고 문제를 풀 수도 있지요. 2011년에 미국의 인기 퀴즈쇼인 '제퍼디'에서 우승했어요. 지금은 의료 분야를 비롯한 다양한 분야에 이용되고 있어요.

워드스미스

미국에서 개발된 기사를 작성하는 인공 지능 프로그램이에요. 일 년에 수십억 개의 기사를 쓰지요. 날씨, 스포츠, 주식, 자동차 등 다양한 분야의 글을 쓰는데, 정보를 모으고 그 정보를 분석하는 능력도 있어요. 또한 어떤 기사가 사람들의 관심을 끌 수 있는지 예측할 수도 있으며 자신의 방식으로 기사를 작성해요.

인공 신경망

인간의 신경을 흉내 낸 기계 학습 기법이에요. 사람의 뇌는 수천억 개가 넘는 신경 세포가 신호를 주고받는데, 인공 신경망은 수많은 노드가 서로 신호를 주고받으면서 정보를 분석하고 예측하지요. 인공 신경망 기술이 적용되면서 인공 지능 연구가 한층 더 발전하게 되었어요.

인공 지능
사람이 만들어 낸 생각할 수 있는 기능이에요. 인공 지능은 약한 인공 지능과 강한 인공 지능으로 나눌 수 있어요. 약한 인공 지능은 뛰어난 연산 작용을 바탕으로 정해진 규칙 안에서 학습을 하는 기능이 있어요. 인간이 만들어 놓은 프로그램에 따라 특정한 임무를 수행해요. 이에 비해 강한 인공 지능은 자아를 가지고 있어요. 스스로 학습하고, 판단하고 감정을 가지고 인간과 소통할 수 있지요.

자연어 처리
사람이 보통 쓰는 언어를 컴퓨터가 인식할 수 있도록 만드는 인공 지능 기술이에요. 문서 처리, 색인 작성, 언어 번역, 질문에 대한 응답 등 많은 응용 분야에서 활용되고 있어요.

자율 주행차
운전자가 차량을 직접 운전하지 않아도 스스로 움직이는 자동차예요. 자율 주행차가 스스로 움직이려면 주변 사물을 인식할 수 있는 첨단 센서와 성능 높은 그래픽 처리 장치가 있어야 해요. 무인 주행차라고도 해요.

중국어 방 실험
미국의 철학자 존 설이 제시한 논증이에요. 기계가 생각할 수 있다는 이론을 반박하기 위해서 만든 실험이지요. 영어를 쓰지만 중국어를 전혀 모르는 사람이 중국어 방에 들어가 영어를 번역하는 기술이 적힌 책을 보고 중국어로 완벽하게 번역했다고 가정하는 실험이에요. 존 설은 이 실험을 통해 중국어 방에서 영어를 중국어로 번역한 사람이 중국어를 이해하는 것이 아닌 것처럼 인공 지능이 인간의 말을 알아듣고 대답한다고 해서 인공 지능이 생각할 수 있는 것은 아니라고 주장했어요.

중앙 처리 장치(CPU)

컴퓨터의 중앙에서 모든 데이터를 처리하는 장치예요. 시피유(CPU)라고도 해요. 다양한 입력 장치로부터 자료를 받아서 처리한 후 그 결과를 출력 장치로 보내는 일을 수행해요. 컴퓨터의 두뇌에 해당하지요.

질 왓슨

미국의 아쇽 고엘 교수가 대학에서 조교가 하는 업무를 도와주기 위해 만든 인공 지능이에요. 질 왓슨은 학생들이 게시판에 올린 질문을 스스로 분석하고 학습하여 대학 조교의 업무를 완벽하게 수행했어요.

챗봇

인터넷에서 실시간으로 사람과 일상 언어로 대화할 수 있는 채팅 로봇 프로그램이에요. 챗봇은 사람처럼 자연스러운 대화를 할 수 있는데, 채팅 프로그램과 인공 지능을 결합하여 다양한 용도로 쓰이고 있어요. 인간과 대화를 하면서 다양한 정보를 제공하고, 쇼핑을 도와주거나, 예약을 해 주기도 해요.

컴퓨터 비전

사람의 눈과 같은 기능을 컴퓨터에서 실현될 수 있도록 하는 기술이에요. 과학자들은 컴퓨터가 스캐너, 카메라, 비디오 같은 기계를 통해 얻은 데이터의 의미를 해석할 수 있도록 만드는 연구를 하고 있어요. 컴퓨터 또는 로봇에 시각 능력을 부여하여 얼굴, 건물 등의 물체를 인식하는 데 응용하고 있어요.

콜로서스

세계 최초의 연산 컴퓨터예요. 제2차 세계 대전 때 영국의 과학자 앨런 튜링의 제안에 따라 독일의 암호를 해독하기 위해서 만들었어요.

퀘이크봇

미국의 언론사인 《엘에이 타임스》가 지진 기사를 쓰기 위해 개발한 인공 지능이에요. 퀘이크봇은 진도 3.0 이상의 지진이 발생했을 때 자동으로 기사를 작성해요. 지진이 발생했을 경우에는 지진 상황을 신속하게 알리는 것이 매우 중요하기 때문이지요. 퀘이크봇은 1초 단위로 빠르게 기사를 작성할 수 있어요.

클레임버스터

미국의 텍사스 대학교와 미시시피 대학교에서 개발한, 정보가 진짜 정보인지를 확인해 주는 팩트 체크 인공 지능이에요. 문장을 입력하면 0.0에서 1.0 사이의 숫자로 신뢰도를 표시해 주는데, 점수가 높을수록 사실인지 가짜인지 따져 봐야 한다는 뜻이에요.

튜링 머신

1936년에 앨런 튜링이 고안한 이론적인 계산 기계예요. 튜링 머신은 순서에 따라 계산을 행하는 장치로, 앨런 튜링은 이 기계를 통해서 모든 종류의 계산을 수행하는 프로그램을 흉내 낼 수 있는 기계를 만들 수 있다는 것을 증명했어요. 튜링 머신은 컴퓨터가 발전할 수 있는 이론의 기초를 제공한 것으로, 현대 컴퓨터와 로봇의 설계 등에 큰 도움을 주었어요.

튜링 테스트

컴퓨터가 인공 지능을 갖추었는지 판별하는 실험으로, 영국의 수학자 앨런 튜링이 제안했어요. 1950년 앨런 튜링은 컴퓨터와 대화를 나눈 사람이 컴퓨터와 대화한 줄 모른다면 그 컴퓨터는 생각할 수 있는 능력이 있는 것으로 보아야 한다고 했지요. 튜링 테스트는 인공 지능에 관해 논의하고 이를 연구하는 데 바탕이 됐어요.

페퍼

일본에서 개발한 세계 최초의 감정 인식 인공 지능 로봇이에요. 페퍼는 사람의 표정과 목소리를 분석하여, 그 사람의 감정에 맞는 말과 행동을 할 수 있어요. 카페, 공항, 은행 등에서 이용되고 있어요.

프로그래밍 언어

컴퓨터 프로그램을 작성하기 위해 만들어진 언어예요. 0과 1로 구성된 기계어는 컴퓨터가 바로 이해할 수 있지만 사람이 기계어를 이용하여 프로그램을 만드는 것은 어려워요. 그래서 사람이 이해하기 쉬우면서도 기계가 읽을 수 있는 프로그래밍 언어가 개발되었어요.

해시태그

인스타그램, 페이스북 같은 소셜 네트워크 서비스(SNS)에 쓰는 글에 '#' 기호와 특정 단어를 붙여 연관된 정보를 한데 묶을 수 있는 기능이에요. 소셜 네트워크 서비스에 게시물을 올리고 해시태그를 달면, 다른 사용자도 그 게시물과 같은 해시태그를 단 게시물을 함께 찾아볼 수 있어요.

헬리오그래프

미국의 신문사인 《워싱턴 포스트》가 2016년에 리우데자네이루 하계 올림픽 기간에 기사를 작성하도록 개발한 인공 지능이에요. 경기 결과 같은 단순하지만 꼭 필요한 정보를 실시간으로 제공했어요.

사진출처

위키미디어공용 17p 콜로서스 컴퓨터, 36p 콜로서스 컴퓨터, 36p 에니악 컴퓨터, 37p IBM 701, 37p 알테어 8800, 37p 애플1, 68p 증기 기관차, 98p 아시모, 99p 페퍼

AP통신 27p 가리 카스파로프

연합뉴스 29p 제퍼디 쇼, 33p 이세돌 9단과 알파고 대국, 82p 이안 버크하트, 98p 휴보, 119P 인공 지능 에어컨

인텔 제공 137p 드론

셔터스톡 67p, 68p, 69p, 88p, 92p, 94p, 98p, 99p, 118p, 119p, 136p, 137p

* 이 책에 실린 사진은 저작권자의 허락을 받아 게재한 것입니다.
* 저작권자를 찾지 못해 허락을 받지 못한 일부 사진은 저작권자가 확인되는 대로 게재 허락을 받고 통상 기준에 따라 사용료를 지불하겠습니다.